Ilse Rendtorff
Jahreszeitenfeste

AF238676

Ilse Rendtorff

Jahreszeitenfeste

Lebendiges Feiern
im Jahreskreis

Stellungnahme des Verlages:
Warum wir an der »alten« Rechtschreibung festhalten

Wir halten die »neue« Rechtschreibung für eine Fehlgeburt, und das konnte auch gar nicht anders sein, weil der Ansatz der Reformer war, das Schreiben einfacher zu machen. Wir als Verlag veröffentlichen unsere Bücher aber für Sie, liebe Leserin/lieber Leser – Sie sollen es als Leser einfach haben. Das Lesen und das Verständnis ist bei vielen Regeln der »alten« Rechtschreibung einfacher und klarer. (Denken Sie nur einmal, daß nach der neuen Rechtschreibung, zwei Autoren kein Buch mehr zusammenschreiben können, es hieße dann immer, sie hätten es zusammen geschrieben, auch wenn sie es zusammengeschrieben haben.) Im übrigen sind die neuen Regeln nun auch nicht eben frei von Widersprüchen. Auf Wunsch senden wir Ihnen gerne ein ausführliches Info mit den wichtigsten Ungereimtheiten am »Neuschrieb«.

1 2 3 4 5 6 7 8 9 15 14 13 12 11 10 09 08 07 06 05

Ilse Rendtorff
Jahreszeitenfeste

© Ilse Rendtorff/Neue Erde GmbH
Deutsche Originalausgabe
Alle Rechte vorbehalten.

Titelseite:
Foto: Simant Bostock
Gestaltung: Dragon Design, GB

Satz und Typographie: Dragon Design, GB
Gesetzt aus der Galliard
Gesamtherstellung: Legoprint, Lavis

Printed in Italia

ISBN 3-89060-080-8

NEUE ERDE Verlag GmbH
Cecilienstr. 29 · D-66111 Saarbrücken
Deutschland · Planet Erde
info@neueerde.de · www.neueerde.de

Inhalt

IV. Gestaltungsvorschläge für Jahreszeitenfeste

Die Lieder, die in diesem Buch angegeben sind, finden Sie zusammen mit weiteren geeigneten Liedern im Liederbuch »Wir singen mit der Erde«, das bei Neue Erde erschienen ist.

Einleitung

Vor mir liegt ein kleines Buch. Buch kann man es gar nicht nennen. Eine geheftete Sammlung von Protokollen mit Überschriften wie »1990 Samhain in Birkenmoor«, »1997 Wintersonnenwende in Melsdorf« und ähnlichem. Es sind Notizen über den Ablauf der Jahreszeitenfeste, die wir zwölf Jahre lang mit der Eulengruppe in Kiel gefeiert haben. Ein Schatz von Ideen, Erinnerungen und Erfahrungen hat sich da angesammelt. Den möchte ich nun weitergeben.

Wie können wir Jahreszeitenfeste feiern? Und warum sollten wir diese Feste überhaupt begehen?

Je mehr ich diesen Fragen nachgehe, um so weiter öffnet sich der Raum dieser Fragestellung. Ich erkenne, wie notwendig die Suche ist nach einer Gestalt von Festen, auf die wir uns mit Körper, Geist und Gefühl einlassen können, aber auch mit dem Stand unseres jeweiligen Glaubens und Erkennens, auf Feste, die uns auf all diesen Ebenen bereichern.

Damit stellt sich dieses Buch vielschichtige Aufgaben. Erst einmal möchte es Anregungen geben, wie Sie, liebe Leserin und lieber Leser, in Ihrer ganz speziellen Situation und Gemeinschaft Jahreszeitenfeste feiern können. Aber die Absicht dieses Buches erschöpft sich keineswegs darin, Sie anzuregen, ein bißchen nettere und vielseitigere Festprogramme zu gestalten. Es geht mir darum, im Fest die Verbindung zu den tiefen Wurzeln des Lebens zu finden. Dazu gehört auch Fröhlichkeit und Leichtigkeit.

Wir stehen zwischen den Zeiten. Die traditionellen großen Feste sind heute weitgehend ohne tiefe, uns geistig nährende Bedeutung. Eine allgemein verbindliche Sinngebung ist weit und breit nicht in Sicht. So sind wir unterwegs, gemeinsam und allein, Sinngebung zu suchen. Jahreszeitenfeste haben bei dieser Suche ihren hilfreichen Ort.

Sie geben uns Zeit zur Besinnung, zur Formulierung dessen, was jenseits des Alltags liegt.

Diese Suche möchte ich unterstützen. Weil es um Sinngebung geht, wage ich es, weitgreifend an alte Traditionen anzuknüpfen, die Räume dessen zu durchstreifen, was wir heute glauben und erkennen können, und dabei immer im Auge zu behalten, daß wir etwas suchen, was uns heute entspricht, was uns guttut und uns wachsen läßt. Ich zeige Ihnen weder eine bestimmte neue Richtung, noch leite ich zu einer alten zurück. Mir geht es darum, die Fülle dessen auszubreiten, was uns unmittelbar zur Verfügung steht. Bei Ken Wilber fand ich dieses Suchen so beschrieben: »In der Zwischenzeit gibt es das Wunder und die Herrlichkeit der Suche selbst, die von Anfang an vom Glanz des Seins durchtränkt ist.«[1]

Um mit dem Schreiben zu beginnen, sitze ich unter dem alten Apfelbaum in der Gartenlaube meines zauberhaften, lieben Gartens. Es war mir nicht möglich, in diesen knospenden und blühenden Frühlingstagen im Haus mit dem Schreiben zu beginnen. (Wie gut, daß es Laptops gibt!) Der Garten möchte mitschreiben, Apfelblüte und Goldregen, der weiße Flieder und das tiefe Rot der alten Blutbuche vor dem blauen Himmel wollen auf meine Arbeit hinunternicken. Wolken und Wind (Steine liegen auf meinem Tisch, um die Notizen vor seinem Übermut zu schützen) wollen ein Wörtchen mitreden.

So gehe ich voll Freude mit Ihnen, meine lieben Leser und Leserinnen, in das Jahr hinein. Vom Feiern mit der Natur, mit dem Kreislauf des Jahres und des Lebens möchte ich Ihnen erzählen. Und darüber nachsinnen, welche Lebensquellen für uns hier und heute in den alten Bräuchen sprudeln. Das mag Sie anregen, Ihre eigene Form des Feierns mit dem Jahr zu finden.

Die Eulengruppe

Die Entwürfe zu den Festen im Jahr wurden von den Mitgliedern der Eulengruppe zusammengestellt. Der Name Eulengruppe geht auf eine Vision des Gründers der Gruppe, Frank Robra, zurück, auf seine Begegnung mit einer weißen Eule.

Längere Zeit, nachdem ich mit dem Schreiben begonnen hatte, meldete sich auch bei mir die Eule, um mich zu unterstützen. Das geschah bei einer schamanischen Reise, wie wir sie einmal im Monat in Kiel machen. In der Vorbereitung wurde uns geraten, beim Reisen einmal nachzufragen, ob sich zu den uns bekannten Krafttieren für unsere momentane Situation ein besonderes Krafttier dazugesellen möchte. Ich folgte dem Rat. Und da kam eine große freundliche Eule und sagte, sie wolle mir beim Schreiben des Buches helfen. Zu der Zeit war gerade Weihnachtsmarkt. So ging ich los, suchte und fand eine Keramikeule. Die sitzt nun auf meinem Schreibtisch und guckt ernsthaft auf mein Manuskript.

Zwölf Jahre lang haben wir sieben- bis achtmal im Jahr mit der Eulengruppe ein gemeinsames Ritual zelebriert. Dazu trafen sich jedesmal etwa drei Wochen vorher einige Mitglieder der Gruppe, um Ideen für das nächste Fest zu sammeln. Dann taten sich zwei Mitglieder der Gruppe zusammen, bereiteten aus den Ideen ein detailliertes Ritual und leiteten das dann auch an.

So sind alle Mitglieder der Eulengruppe in gewisser Weise Mitautoren des Buches, besonders diejenigen, die jahrelang der Gruppe treu blieben.

Das Panorama der Jahreszeitenfeste – die Rast auf einer Wanderung

Ein Bild

Unser Leben ist eine Wanderung. Wir gehen gemeinsam mit anderen und mitunter auch allein. Und ab und zu rasten wir, ruhen aus, stärken uns und fragen: Woher komme ich? Wo bin ich jetzt? Wohin gehe ich?

Jedes der Feste ist solch eine Rast auf unserem Weg.

Hinter uns liegen Städte, Dörfer, Felder und Wälder. Und hinter uns liegt das, was wir auf unserer Wanderung erlebt haben. Vor uns unbekanntes, unerforschtes Land, das bereit ist, uns aufzunehmen. Und hier sitzen wir rastend zwischen den Zeiten. Mit allem, was uns jetzt bewegt. Mit unserer Freude und unseren Sorgen, mit Problemen und alten Verhaftungen. Aber auch mit dem Reichtum dessen, was wir schon gewonnen und verstanden haben.

Wir teilen dieses Innehalten, diese Zeit der Besinnung miteinander. Und nicht nur mit den Freunden und Freundinnen an unserer Seite sind wir verbunden. Wie nehmen die lebendige Kraft des Himmels über uns, der Erde unter uns, der Pflanzen und Tiere, der Sonne und des Wassers wahr. Sie sind uns nah in ihrer Schönheit und Lebenskraft.

Das ist der Ausgangspunkt unserer Jahreszeitenfeste. Schon dies ist ein Reichtum, gemeinsam mit Freunden und mit der Natur auf dem Jahres- und Lebensweg innezuhalten.

Aber das Bild unserer Rast auf der Wanderung steht für eine viel umfassendere »Landschaft«. Wenn wir heute diese Feste feiern, liegt eine Fülle von Traditionen, von Kulturen und Religionen hinter uns. Einiges davon haben wir im Laufe unseres Lebens kennengelernt. Manches ist uns lieb. Von anderem haben wir uns abgewandt, vielleicht schmerzlich und zornig. Oder nur gleichgültig.

Aber vieles mehr, als wir bewußt wahrnehmen, schwingt in unserem geistigen Erbe mit. Die Feste im Jahr sind ein Ort, an dem wir uns mit unseren Ahnen und unserem kulturell-religiösen Erbe verbinden können.

Das ist ein großes Wort. Das Erbe unserer Ahnen ist von unendlicher Vielfalt. Und doch liegt heute mehr davon offen vor uns als je zuvor. Die Mobilität der Gesellschaft und das grenzenlose Netz der Medien ermöglichen es uns, über das kulturelle und religiöse Erbe unseres Kulturraumes hinaus auf die Kontinente und Zeiten zu blicken. Möchte ich mich von der indianischen Weisheit inspirieren lassen? Erklingen beim Hören der uralten vedischen Mantren geheime herzöffnende Saiten in mir? Lockt es uns, den Visionen eines Marko Pogačnik zu folgen zur Verehrung der dreifaltigen Göttin im Neolithikum? Möchten wir im Feiern der keltischen Feste die Verbindung zu unserem germanischen und keltischen Erbe wieder aufnehmen?

Mit diesen wenigen Andeutungen über das Erbe der Ahnen ist unser Blick weit zurückgeschweift. Aber auch die Verbindung zu den Ahnen, die uns noch nahe sind, den geliebten und betrauerten Verstorbenen gehört zu dem Land, das hinter uns liegt. Und auch sie können Raum in unserem Feiern finden.

Und wie geht es mir heute? Auf der Rast tut es uns gut, uns Zeit füreinander und für uns selbst zu nehmen. Das ist für das Gelingen der Wanderung das Wichtigste, Unmittelbarste: Was brauche ich? Was fehlt mir? Was kann ich jetzt für meine Reinigung und Stärkung tun? Welches Rüstzeug kann mir diese Rast geben für die vor mir liegende Wegstrecke? Jedes Jahreszeitenfest soll mir selber guttun und mich erfreuen.

Und dann geht der Blick nach vorn. Wohin soll uns die Weiterwanderung führen?

Sind mit dem »Hinter uns«, mit dem »Hier und jetzt« und mit dem »Vor uns« alle Dimensionen eines Jahreszeitenfestes erfaßt? Nein, das reicht nicht aus. Unser Blick kann sich über den Erfahrungsraum des Menschen- und Naturreiches hinaus weiten. Denn sie sind Teil eines größeren Ganzen. Unsere Lebenskräfte werden gespeist von den Energien über uns und unter uns. Wie immer wir diese Energien deuten, ohne die kosmischen und die tiefen Erdenergien könnten wir keine Minute leben. Und was wären wir ohne das Seelenfeuer aus der geistigen Ebene?

So sieht das Panorama aus, in dem wir unsere Feste im Jahreslauf feiern.

Was ich mit einem solchen Bild sagen will, ist dies: Für jede Planung eines Rituals steht uns eine Fülle von Möglichkeiten zur Verfügung.

Es ist unserer Kreativität überlassen, wie wir damit umgehen. Wir sind frei, aus der Fülle zu schöpfen und unsere eigene Festgestaltung so klein oder groß, konzentriert auf eine Frage oder tanzend zwischen den Welten zu gestalten, wie es uns gefällt. Oder, etwas bescheidener gesagt, wie unsere Mittel und Kräfte es zulassen.

So können die Elemente des Panoramas in einem Jahreszeitenfest anklingen:

- die Verbindung zu unserer Vergangenheit,
- die Besinnung auf uns selbst,
- die Verbindung zur Natur und
- das Schwingen mit der kosmischen und der Erdenkraft.

Die folgenden Texte können Ihnen dazu Impulse geben, sowohl als konkrete Vorschläge wie als Ermutigung zur eigenen kreativen Gestaltung.

I. Allgemeine Einführung

DIE FESTE

Ein Überblick

Es gibt viele Hinweise darauf, daß schon in vor- und frühgeschichtlicher Zeit die Menschen des europäischen Siedlungsraumes den Wechsel der Jahreszeiten zeremoniell geehrt haben. Sie orientierten sich dabei an den vier Jahreszeiten, an der zu- und abnehmenden Zeit der Sonneneinstrahlung auf unserem Planeten Erde. Schon in der Altsteinzeit, die mehrere hunderttausend Jahre dauerte, haben die Menschen die Sonnenbewegungen beobachtet und die Vorstellung von vier Himmelsrichtungen davon abgeleitet. Das läßt sich aus vielen rituellen Steinritzungen und Höhlenzeichnungen ablesen. Daß die Menschen diese Abbildungen an heiligen Orten und mit großer Mühe in die Steine geritzt haben, läßt uns etwas davon ahnen, welche Bedeutung es für sie hatte, sich ein Bild der Erde, des Universums und des Lebens zu machen und die Lebenskräfte zu verehren.[2]

Später, in der Jungsteinzeit, dem Neolithikum, (ab 8000 v. Chr.) richteten die Menschen ihre monumentalen heiligen Bauten, Megalith- oder Dolmengräber und Steinkreise nach dem Stand der Sonne zur Sonnenwende aus. Das spricht deutlich davon, daß der wechselnde Sonnenstand für die Menschen eine hohe Bedeutung hatte und geehrt wurde. Es gibt aus den Jahrtausenden des Neolithikums inzwischen viele Funde von Sakralobjekten in Gestalt der Göttin als Erdmutter.[3] Sie sprechen von der tiefen Verbindung der Menschen zur Natur und von der Verehrung der weiblich-göttlichen Kraft der Erde. Aber über die Gestaltung der steinzeitlichen Rituale zu den Sonnenfesten haben wir leider so gut wie keine Überlieferungen, die uns Vorlagen für unsere

Rituale liefern könnten. Wir können nur vermuten, daß die Menschen damals auch Zeremonien gehabt haben, die uns heute ansprechen würden. Ich erinnere mich, wie Marko Pogačnik einmal, als wir an einem uralten Kultplatz arbeiteten, eine seiner Töchter in Slowenien anrief und sie fragte, wie die Menschen früher an diesem Ort gefeiert hätten. Dazu muß man wissen, daß die beiden Töchter ihren Vater stets bei seiner Arbeit aus ihrem Kontakt zu ihren Engelmeistern heraus berieten und beraten. Von dem, was der Engelmeister uns durch Ana Pogačnik sagen ließ, berichte ich später (siehe S. 51 f). Solch eine Verbindung zu jungsteinzeitlichem Brauchtum ist natürlich die Ausnahme.

Wie weit können wir denn wenigstens auf das keltische Erbe zurückgreifen bei der Gestaltung unserer Jahreszeitenfeste? Aus ihm stammen ja die stärksten Einflüsse auf die Feste in unserem Kulturraum, die sich aus vorchristlicher Zeit erhalten haben.

Die Kelten, deren Ausbreitung im europäischen Raum um 2000 v. Chr. begann und die in den letzten Jahrhunderten v. Chr. ihren größten Einfluß erreichten, hatten eine ausgeprägte Fest- und Ritualtradition. Und doch ist unser Wissen auch darüber bedauernswert gering. Dieses Wissen wurde von den Druiden gehütet. Sie hielten es geheim. Es durfte nicht aufgezeichnet werden. Das Fehlen einer ausgeformten Schrift machte das ohnehin unmöglich. Die Druidenschüler mußten sich in langen Lehrjahren die Weisheit und den Zugang zu den heiligen Zeremonien aneignen. Als die Römer die keltisch besiedelten Gebiete eroberten, haben sie die Druiden gnadenlos verfolgt. Sie sahen in ihnen zu Recht die geistigen Stützen der keltischen Gesellschaft. So ging ein großer Teil des hohen astrologischen, medizinischen und rituellen Wissens der Druiden verloren. Im Zuge der Christianisierung verlief die Geschichte von Bewahrung und Verlust des keltischen Erbes unterschiedlich. Dort, wo die Christianisierung mit Gewalt oder auf Befehl der Herrschenden durchgesetzt wurde, fiel das, was an Kenntnissen noch bewahrt geblieben war, der Verfolgung durch die Priester zum Opfer. Die im Volk verbleibenden Traditionen und Glaubensreste vermengten sich mit dem Christlichen. In Irland und Teilen Englands dagegen fand ein Übergang zur keltischen Kirche statt, in dem einige Jahrhunderte lang druidisches Wissen in christliche Zeremonien Eingang fand, bis auch das verboten wurde.[4]

Christliche Mönche haben im Mittelalter viele der Sagen und Gesänge der Kelten aufgeschrieben und damit vor dem Vergessen gerettet.

Inzwischen besteht wieder vermehrt Interesse daran, etwas über unser keltisches Erbe zu erfahren. Und die Forschung hat auch viel über keltisches Kunsthandwerk, über Bauweise und Kriegsführung der Kelten und den Schatz ihrer Sagen und Lieder zusammengetragen. Aber das tiefe rituelle Wissen, das von den Druiden gehütet wurde, und besonders die Überlieferung der Festtraditionen ist nur bruchstückhaft zu rekonstruieren.

Dasselbe gilt für unsere Kenntnisse von germanischen Festtraditionen.

Diese Lücken sind heute in erzählender Literatur dadurch gefüllt worden, daß die Autoren und Autorinnen die überlieferten Bruchstücke mit ihrer Fantasie ergänzt haben und uns ausmalen, wie die Rituale ausgesehen haben könnten.[5]

Wir können nach der vorliegenden Forschung davon ausgehen, daß es eine Aufgabe der keltischen Feste war, die Belange der Gemeinschaft zu regeln. Die Feste selbst zogen sich über mehrere Tage hin und gingen mit Eß- und Trinkgelagen, Tanz und Spielen einher. Aber der Sinn der Feste erschöpfte sich in keiner dieser Kulturperioden, mit denen uns die Jahreszeitenfeste in Verbindung bringen, darin, Versammlungen abzuhalten und fröhlich miteinander zu feiern. In allen Naturreligionen berühren die Festrituale tiefere Ebenen. Sie sind Kommunikation mit den geistigen und emotionalen Ebenen des Lebens, der Natur und des Kosmos, die das alltäglich Wahrgenommene durchdringen.

16

So blieb es auch während der Jahrhunderte, in denen die Jahreszeitenfeste in ihrer christlich-katholischen Gestalt gefeiert wurden und z. T. heute noch gefeiert werden. Und in dieser Weite und Tiefe können wir heute in einer Zeit geistiger und religiöser Vielfalt Jahreszeitenfeste in der ganz eigenen Prägung feiern, die unserem Verständnis entspricht.

Früher wie heute können die Festrituale dem geistigen und seelischen Wachstum des Einzelnen wie der Gemeinschaft dienen. Wenn wir sie entsprechend gestalten, ist es möglich, in ihnen Belastendes zu verarbeiten und zu reinigen, frische Energien zu tanken und unseren geistig-seelischen Horizont zu erweitern. Wir können darin Wege finden für einen Austausch mit den Elementen und Naturwesen sowie mit der Welt der Engel, der Götter und Göttinnen und der Verstorbenen. Und mit unserem ganz eigenen Zugang zur göttlichen Quelle in, um und über uns. Wieviel von solchen therapeutischen und spirituellen Möglichkeiten Sie in Ihre Festgestaltung hineintragen, steht ganz offen. Das wird sowohl von Ihren eigenen Interessen wie von den Gegebenheiten der Gruppe, mit der sie feiern wollen, mitbestimmt.

In den Festtagen selbst ist eine starke Kraft enthalten. Woher kommt sie? Es ist dasselbe Zusammenwirken wie bei den Kraftorten, die in früheren Jahrtausenden Kultstätten waren. Die besondere Energie der Kraftorte speist sich aus manchen Quellen. Die Menschen haben eine Naturkraft an den Orten gespürt, seien es kosmische Einstrahlungen oder aufsteigende Energien aus der Erde, Leyline-Kreuzungen, Drachenlinien oder andere Kraftquellen aus dem Kosmos oder aus der Erde. Deshalb haben sie den Ort für ihren Kultplatz gewählt. Und nun begannen die Menschen, dem Platz ihre eigenen Schwingungen zu geben. Die jahrhundertelang zelebrierten Gebete, Anrufungen und Versammlungen haben der Naturkraft des Ortes die segnende Kraft menschlicher Frömmigkeit hinzugefügt.

Derselbe Vorgang ist es, der den Jahreszeitenfesten ihre besondere Kraft gegeben hat und immer neu gibt. Ihr Ort im Lebensrhythmus der Natur, die besondere Sonnenwirkung zu der jeweiligen Zeit gibt ihnen eine erhöhte und ganz spezielle Energie. Und im Laufe der Jahrtausende haben Menschen mit ihren Festritualen dem ihre eigenen Schwingungen hinzugefügt.

Deshalb ist es so wertvoll, wenn wir uns der verbindenden Kräfte in den Jahreszeitenfesten über die Jahrtausende hinweg bewußt werden. Wir stellen damit die Verbindung her zu zeitunabhängigen Energien und Kraftströmen zwischen den Feiernden und den Orten über die Jahrtausende hinweg.

Aber wenn wir so wenig Überlieferungen haben, an die wir heute mit unseren Festen konkret anknüpfen können, stellt sich die Frage, wieweit wir uns im Feiern überhaupt mit unseren steinzeitlichen und keltischen Ahnen verbinden können. Auf diese Frage gehe ich in späteren Kapiteln ein.

In meinen Überlegungen zu den Jahreszeitenfesten habe ich mich vorwiegend auf den rituellen und geistigen Gehalt der Feste bezogen und auf die eher ernste, besinnliche Form, sie zu begehen. Sie bieten aber viel mehr. In diesen Festen hatten seit eh und je Spiel, Spaß und unbeschwerte Volksfeste ihren Raum. Wieviel davon Sie bei der Gestaltung Ihrer eigenen Feste einbringen wollen, hängt von dem Kreis, mit dem Sie feiern, von seinen (und Ihren) Bedürfnissen ab.

Während ich dies schreibe, in den ersten Novembertagen, bekomme ich gerade einen lebendigen Anschauungsunterricht, der mich gemahnt, den spielerischen Charakter der Feste nicht auszuklammern. Zugleich ist es ein Beispiel für die lebendige Veränderung und Weitergabe von Jahreszeitenfesten.

Der Anlaß ist Halloween. Diese Form des keltischen Samhain hatte in der irischen Tradition überdauert und wird seit langem in den angelsächsischen Ländern gefeiert. Die typischen Wahrzeichen sind die gruselig-lustige Leuchte aus einem ausgehöhlten Kürbis und die Verkleidung, die das Geisterhafte, Beängstigende und aggressiv Dunkle betont. Wir können vermuten, daß diese Indentifizierung sowohl mit den »Geistern«, mit der astralen Ebene des Seins, wie mit dem Dunklen in und um uns einen Inhalt des keltischen Samhain authentisch widerspiegelt. Wenn auch, wie wir immer wieder sehen werden, im volkstümlichen Ausleben der innere Sinngehalt nicht bewußt thematisiert wird.

Halloween ist bis vor wenigen Jahren in Deutschland nicht gefeiert worden. Aber plötzlich ist es da. Wer hat es eingeführt? Der Markt ist sicherlich beteiligt, das aus den USA kommende Angebot, das alle aufgegriffen haben. Vom Marktstand über die Warenhäuser bis zum Bäcker und Süßwarenladen wird das neue Projekt vermarktet. Die Medien haben ihr Teil beigetragen. Das ist von der Gesellschaft angenommen worden. Von einem Jahr zum andern hat es sich »eingebürgert«, daß in allen Fenstern Kürbisleuchten stehen und daß die Kinder sich gruseliglustig verkleiden. Daß das möglich ist, zeigt ganz deutlich, wie diese spielerische Festtradition einem allgemeinen Bedürfnis entspricht. Die Leuchte in der Zeit der zunehmenden Dunkelheit. Die Verkleidung, die erlaubt, das Dunkle und Geisterhafte zu integrieren und auszuleben. Und die alte, in vielerlei Gestalt bekannte Tradition, daß die Kinder von Haus zu Haus laufen dürfen und um Gaben betteln, findet in den Großstädten eine neue Form. Mag die allgemeine Überzeugung sagen: Geister gibt es nicht. Mag der vernünftige Erwachsene sagen: Die Kinder haben mehr als genug Naschkram. Das Fest nimmt sich seinen Raum. Und alle spielen mit.

Allerdings findet diese Wiederaufnahme eines alten Festes auf einer ganz oberflächlichen Ebene statt, da ja eine tiefere Anbindung nicht mitgeliefert wird. So gehen alte Grundwerte verloren. Das zeigt sich besonders daran, wie die Kinder den Brauch wieder aufnehmen, von Haus zu Haus zu gehen. In den unterschiedlichen alten Formen dieses Brauches findet ein Geben und Nehmen statt. Die Kinder singen, bevor sie etwas bekommen, Martinslieder, lassen die eigens dafür gebastelten Instrumente, die Rummelpötte, erklingen, die Sternsinger segnen das Haus usw. Heute stehen die Kinder meist einfach fordernd in der Tür. Aus Hamburg hörte ich sogar, daß sie sich mit Sprühschaum rächen, wenn sie nichts bekommen.

Hier wiederholt sich der tiefe Mangel, der das Verhalten des entfremdeten Stadtmenschen zur Natur kennzeichnet. Der lebenserhaltende Rhythmus alles Lebendigen beruht auf Geben und Nehmen. In unserem Austausch mit der Natur, die uns alles zum Leben Notwendige gibt, heißt dieser Rhythmus Bitten und Danken. Wo Erde und Natur zum reinen Konsumgut werden, ist dieser Atem des Lebens in Vergessenheit geraten. So können wir die Wiederbelebung eines alten Festes nur mit geteilten Gefühlen beobachten. Mir erscheint es aber angebracht, zu erkennen, daß darin sinnvolle Bedürfnisse ihren Ausdruck suchen. Dem Dunklen, den Schatten Gestalt zu geben, kommt in den Traditionen unserer Kultur häufig zu kurz. Es braucht aber seinen Ausdruck. Sonst sucht es ihn auf unkontrollierte Weise.

Zum Abschluß des allgemeinen Überblicks über die Jahreszeitenfeste lassen Sie uns ansehen, von welchen Festen wir eigentlich sprechen.

Die acht Jahreszeitenfeste
Den Festen liegen immer die vier Jahreszeiten und Sonnenstände zugrunde, die wir heute kennen als

- die Wintersonnenwende (21. oder 22.12.),
- die Frühlings-Tagundnachtgleiche (20. oder 21.3.),
- die Sommer-Sonnenwende (21.6.) und
- die Herbst-Tagundnachtgleiche (22. oder 23.9.).

Ihre Daten sind auch heute in unseren Kalendern vermerkt als Frühlings-, Sommer-, Herbst- und Winteranfang. Sie sind zwar unter diesen Namen keine offiziellen Feiertage mehr. Ihre Anliegen werden aber von anderen Festen aufgenommen, wie ich noch zeigen werde.

Die Sonnenwenden wurden schon in der Steinzeit geehrt. Die Ausrichtung vieler alter Kultsteine auf den Aufgang der Sonne an diesen

Tagen gibt davon ein eindrucksvolles Zeugnis. Auch den Kelten und Germanen waren diese Tage bekannt. Gehörte doch die Beobachtung der Gestirne zu ihren Forschungen. Auch wußten sie viel über die Wirkung der Gestirne auf das Leben der Menschen.

In der keltischen Überlieferung finden wir Hinweise auf manche weiteren Feste im Jahreskreislauf. Aus dieser Vielfalt heben sich besonders vier Feste hervor. Wie weit sie bereits in keltischer Zeit allgemein gefeiert wurden, darüber sind die ForscherInnen verschiedener Meinung. In den Jahrhunderten der Christianisierung Europas waren sie aber schon Allgemeingut. Ihre Fortsetzung fanden sie in christlichen Festen. Das sind:

• Imbolc am 1. Februar,
• Beltane am 30.April und 1.Mai,
• Lugnasad (auch als Lammas bekannt) am 1. August und
• Samhain am 1. November.

Sie liegen jeweils etwa vierzig Tage nach einem Sonnenfest.

Von diesen acht Festen spreche ich im Folgenden.

Vorher muß aber noch die Frage gestellt werden: Wie ging das Christentum, oder vielmehr, wie ging die Kirche mit den Jahreszeitenfesten im europäischen Raum um, die sie bei der Christianisierung vorfand? Dieser Umgang bestätigt in eindrucksvoller Weise, wie tief diese Tage im Bewußtsein der Bevölkerung verankert waren und welche Kraft ihnen innewohnte. Alle Versuche, diese »heidnischen« Feste durch Drohungen und Verbote abzuschaffen, waren demgegenüber machtlos. Deshalb wurden sie im Sinne der christlichen Lehre umgewandelt. Es wurden christliche Feste auf diese Daten gelegt. Allerdings wurden die kirchlichen Feiertage um einige Tage weg verschoben von den Sonnendaten und den folgenden keltischen Festtagen, die jeweils 40 Tage nach einem Sonnenfest liegen. So nahmen die Kirchen die Schwingungen der jeweiligen Zeit auf und erhielten den Menschen in veränderter Form ihren Festanlaß. Sie hielten aber zugleich Abstand von der unmittelbaren Kraft der alten Religion.

Welcherart wurden die alten Jahreszeitenfeste in christliche Feste umgewandelt?

- Die Wintersonnenwende wurde zum Geburtstag Jesu erklärt. Es entstand das Weihnachtsfest. In den ersten Jahrhunderten des Christentums gab es dieses Datum der Geburt Jesu noch nicht. Bevor das Christentum nach Europa kam und dort die Wintersonnenwende vorfand, wurde das große Fest der Geburt des Lichtes erst an Epiphanias, am 6. Januar, gefeiert.
- Aus Imbolc am 1. Februar wurde Lichtmeß.
- Aus der Frühlings-Tagundnachtgleiche wurde Ostern.
- In der Nähe des Beltanefestes finden wir Himmelfahrt und Pfingsten. Wie es kommt, daß später der 1.Mai als internationaler Tag der Arbeiterbewegung auf dieses Datum der sinnesfreudigen Fruchtbarkeitsriten gelegt wurde, habe ich nicht recherchieren können.
- Die Sommersonnenwende findet sich wieder in Johanni, das in ländlichen Gegenden mit einem feierlichen Segnen der Felder einherging.
- Lugnasad wurde früher mit geselligen Dorffesten begangen. Es hat heute als Fest keine Bedeutung mehr. Aber seine alte Tradition, die sommerlichen Gemeinschaftsfeste, werden in vielen sommerlichen Parties weitergeführt.
- Die Herbst-Tagundnachtgleiche finden wir wieder im Erntedankfest.
- Aus Samhain, dem Jahresbeginn der Kelten am 1. November wurden Allerheiligen und Allerseelen. Im angelsächsischen Raum wurde daraus später Halloween.

Diese Umwandlung der keltischen in christliche Feste hat verschiedene Seiten. Kritisch sehen wir heute, daß dabei ein wichtiger Teil ihrer Substanz, die Widerspiegelung des Sonnenzyklus und die Verbindung zur Natur ihren zentralen Ort verlor. Die Kommunikation mit der Erde in all ihren Gestalten und mit den erdnahen Gottheiten war nicht länger Mittelpunkt der Feste. Die christliche Lehre hielt die Menschen an, nicht mehr aus dem Kontakt mit der mütterlichen Kraft der Erde, mit den Naturwesen und Elementen ihre Lebenskraft zu erneuern. Denn in der monotheistischen Sicht des Christentums hat der eine Schöpfergott alle Macht über das Universum in Händen und ist der alleinige Helfer der Menschen. Darin ist impliziert, daß er allein für alle Naturphänomene zuständig ist. Unterschwellig blieb im Bewußtsein vor allem der ländlichen Bevölkerung die Kommunikation mit der Erde aber über lange Zeit weiter bestehen. In der Gestalt mancher Heiliger fand die Kraft altvertrauter Göttinnen und Götter neuen Ausdruck.

Obwohl der Übergang zum Christentum im weitgespannten geistesgeschichtlichen Zusammenhang seine Bedeutung hat als eine Weiterentwicklung des menschlichen Geistes und Bewußtseins, ist dieses Kapitel der europäischen Geschichte für viele Menschen heute schmerzlich. Denn der christliche Glaube wurde häufig als Herrschaftsreligion mit Gewalt und Unterdrückung durchgesetzt bis hin zu den Hexenverfolgungen.

Im Umgang mit den Jahreszeitenfesten trafen die hohen kirchlichen Amtsträger letztendlich eine positive Entscheidung. Die Feste blieben, wenn auch in abgewandelter Form, bei der großen Umstellung auf die christliche Religion für die Menschen erhalten, wie ich es oben beschrieben habe. Und in der Praxis der katholischen Kirche konnten sie ein kraftspendender Bestandteil des dörflichen und später des städtischen Lebens bleiben. Die Verbindung zur Natur wurde in den Prozessionen durch die Felder, im Segnen der Tiere und manchem anderen Ritual erhalten. So blieben die Feste über die Jahrtausende hinweg erhalten und wurden immer wieder geändert. Denn auch die keltischen Feste hatten ja auf ihre Weise frühere Traditionen aufgenommen und ihrem Verständnis anverwandelt.

Ungleich viel stärker als in der katholischen Variante des Christentums ging im Protestantismus die Verbindung zur Natur und zu den Seelenräumen der Erde verloren. Selbst wenn die Tradition der Feste in Ostern, Pfingsten, Erntedankfest, Totensonntag, Advent und Weihnachten noch zu erkennen ist, fehlte ihnen doch der unmittelbare Bezug zu den Naturzyklen und -kräften.

Darin ist die evangelische Kirche eine Widerspiegelung der geistesgeschichtlichen Entwicklung der Aufklärung, des städtischen Lebens und der Produktion mit Maschinen. All diese Prozesse trennten und trennen die Menschen immer mehr von ihrer Einbindung in die Schönheit, Ordnung und Harmonie des Lebensganzen. Die katastrophalen Schäden, die daraus für die Erde entstanden sind, kennen wir nur allzu gut.

Rudolf Steiner hat am Anfang des zwanzigsten Jahrhunderts viele starke Impulse gegeben, mit den Lebenskräften aus vergangenen Kulturen, aus den Religionen des Ostens und aus der Natur wieder in Kontakt zu treten. So hat er auch die Jahreszeitenfeste in ihrer christlichen Variante wieder zu neuer Geltung gebracht. In den Waldorfkindergärten und -schulen wird diese Tradition gepflegt.

Und immer mehr Gruppen knüpfen mit der Wiederaufnahme dieser Feste an Traditionen an, in denen wir unserer Verbindung mit dem Lebensganzen, mit den Ahnen und mit der Erde im gemeinsamen Feiern Gestalt geben.

In späteren Kapiteln werde ich die acht Jahreszeitenfeste ausführlich beschreiben. Dabei ist es nicht mein Bestreben, zu sammeln und möglichst vollständig darzustellen, was an Wissenswertem über die einzelnen Feste in der Literatur zusammengetragen wurde. Darüber gibt es eine ganze Menge Literatur. Mein Interesse ist vielmehr, zu den jeweiligen Festen Impulse zu geben, die Sie dazu anregen, selber gestaltend dem Ausdruck zu geben, was jetzt für Sie und für Ihre Gruppe wichtig ist. Dabei schöpfe ich aus dem, was mich und unsere Eulengruppe in den zwölf Jahren gemeinsamen Feierns inspiriert hat zur aktuellen Gestaltung des jeweiligen Festes. Vorher möchte ich aber näher auf das vielschichtige »Werkzeug« eingehen, das uns für unser Vorhaben zur Verfügung steht.

DIE FEIERNDE GRUPPE

Für welche Gruppe ist dieses Buch geschrieben? Wen möchte es ansprechen? Ist es für Ihre spezielle Situation überhaupt geeignet?

Darauf gibt es eine doppelte Antwort. Ausgangspunkt für meine Erfahrungen sind ja vordergründig die Feste in einer ganz bestimmten Gruppenform, die ich in dem Abschnitt »Die geschlossene Gruppe« näher beschreibe. Aber was wir in dieses Gefäß einer Gruppenform hineingefüllt haben, speist sich aus vielfältigen Vorerfahrungen und aus spontanen kreativen Einfällen. Und so können Sie aus dieser bunten Fülle schöpfen, sich inspirieren lassen für eben die Situation, für die Sie Anregungen brauchen. Es mag auch sein, daß Sie beim Lesen Lust bekommen, etwas Neues auszuprobieren, daß eine vorgestellte Form Sie dazu inspiriert.

Die geschlossene Gruppe

Ein paar Interessierte tun sich zusammen. Sie haben den Wunsch, die Jahreszeitenfeste miteinander zu feiern. – Oder einer oder eine, die diesen Wunsch hat, lädt ein, wirbt für eine solche Gruppe und sammelt Interessierte.

Was wollen sie feiern? Wer soll den Ablauf entwerfen? Wer soll die Rituale anleiten?

Um alle acht Feste zu feiern und außerdem jedesmal zwischen zwei Festen zusammenzukommen, um den nächsten Termin vorzubereiten, ist etwa alle drei Wochen ein Termin fällig. Wir haben diesen Rhythmus in Kiel zwölf Jahre lang gepflegt. Allerdings beteiligte sich an den Vorbereitungen nur ein Teil der Gruppe. Und natürlich konnte nicht jede/r an jedem Fest teilnehmen. Aber trotz aller Fluktuation entstand ein gegenseitiges Vertrauen, ein Sich-Einlassen aufeinander. Wir haben manches persönliche Drama miteinander geteilt und die daraus entstehenden Themen mitunter in die Rituale eingebracht. Diese Möglichkeit, sich im Vertrauen aufeinander einzulassen, ist ein Vorteil der geschlossenen Gruppe. Sie sollte dabei natürlich für neue Mitglieder offen sein.

Es ist bei dieser Form des Feierns auch möglich, daß ein oder zwei TeilnehmerInnen sie leiten, d. h. Vorbereitung und Ritualanleitung jedes Mal machen. Ich würde aber dazu raten, mit der Zeit andere hinzuzuziehen. Manches Mal trauen sie sich zuerst nicht, einen Teil der Zeremonie anzuleiten. Ich erinnere mich an eine Frau in unserer Gruppe, die beim ersten Mal den liebevoll vorbereiteten Text zu Hause zum Einüben ihrem Ehemann vorgetragen hat. Sie war ein bißchen aufgeregt. Später wurde sie immer sicherer und liebte es, bei der Gestaltung mitzuwirken. Die Fähigkeiten wachsen mit jedem gelungenen Wagnis. Und was heißt schon »gelungen«. Nichts muß perfekt sein. Die innere Beteiligung und das Vertrauen zueinander machen ein Fest zu dem, was es sein soll, zu einer Rast zwischen den Zeiten, die uns und die Erde bereichert.

Es ist auch möglich, nur einen Teil der acht Feste zu begehen, sei es, daß Sie nur die vier Sonnenfeste feiern oder die Feste, an denen Ihnen besonders liegt.

Die offene Einladung
Häufig gibt es daneben die Form, zu einem einzelnen Jahreszeitenfest öffentlich einzuladen. Das bietet sich besonders zu den Sonnenwenden an. Oder zu Beltane, der später daraus entstandenen Form der Walpurgisnacht, dem heutigen Tanz in den Mai. Wird eine solche Einladung

mehrere Jahre hintereinander wiederholt, so kann daraus eine schöne Tradition entstehen.

Zwei Sommer-Sonnenwenden dieser Art als jährliche Einladung gab es mehrere Jahre hindurch in meiner Nähe. Da wurde zu einem Frauentreffen am Strand zum Sonnenaufgang eingeladen mit großem Feuer und anschließendem Picknick. Alle Frauen kamen in roten Kleidern.

In Kiel wurde im Rahmen der Kieler Woche am Sonntag, der der Sommer-Sonnenwende folgte, jahrelang zum Tanzen und Singen auf dem Hügel des Alten Botanischen Gartens eingeladen. Eine Folkloregruppe spielte zum Tanz auf. Alt und Jung tanzten miteinander.

Eine andere Form der offenen Einladung ist es, im Programm eines ökologischen oder therapeutischen Zentrums zu einem Wochenend-Workshop einzuladen, der ein Jahreszeitenfest zum Thema hat.

Die Einbindung in vorhandene Gruppen- und Therapieformen
Die Feste können gute thematische Anregungen in der kontinuierlichen Gruppenarbeit geben, z. B. in Kinder- und Jugendgruppen, in regelmäßigen Tanz- oder Therapiegruppen, in Projekten in der Schule.

Im Zusammenhang mit dem Sinn, den solches Aufgreifen der Jahresrhythmen hat, erinnere ich mich daran, wie in meiner Kindheit im evangelischen Pfarrhaus die Kirchenjahresfeste und darüber hinaus einzelne Sonntage in ihrer Besonderheit zelebriert wurden. Am Sonntag »Jubilate« wurden z. B. Jubellieder gesungen. Karfreitag waren die klagenden Kreuzeslieder an der Reihe.

Ebenso finden sich kreative thematische Anregungen in dem jahreszeitlichen Themenkreis für die Menschen, die von Berufs wegen ein anregendes Programm anbieten wollen oder müssen.

Wieweit sie dabei den tieferen Ansatz zum Feiern aufnehmen können, das hängt vom Vorverständnis der TeilnehmerInnen ab. Ich meine damit sowohl den Bezug auf die eigene geistige und emotionale Entwicklung wie das meditative Element. Und nicht zuletzt den naturmystischen Ansatz, die Verbindung zur lebendigen Natur. Die Aufgabe, den reichen Schatz gewissermaßen in kleine Münze umwechseln zu müssen, hat ihre eigenen Regeln. Und deren Grundlage ist, daß wir selber, die Anleitenden, nicht an der Oberfläche bleiben, daß wir um die tieferen Dimensionen wissen, daß wir die innere Freude, die Verbindung zur lebendigen Natur aufrechterhalten. Und davon so viel mitteilen, wie es dem Verständnisgrad der Jugendlichen, der Senioren oder sonstigen GruppenteilnehmerInnen entspricht.

Wie wir kleine Münze austeilen können im Wissen, daß sie Teile eines reichen Schatzes ist, möchte ich an einem Beispiel verdeutlichen.

Freunde hatten mich gebeten, sie bei der energetischen Reinigung eines Geländes zu unterstützen, das lange Jahre hindurch von einem umweltschädigenden Industriebetrieb genutzt worden war. Wir hatten bereits ein Reinigungsritual auf dem Gelände gehalten und festgestellt, daß Gebäude und Land sehr mit negativen Energien belastet waren.

Zur Unterstützung des Heilungsprozesses hatte ich vorgeschlagen, daß wir auf dem Gelände an vier Orten, den Himmelsrichtungen entsprechend, Steine setzen und diese mit heilenden Energien programmieren wollten.[6] Die Freunde hatten schöne große Steine herangefahren. Als ich zur Steinsetzung – etwas verspätet – eintraf, eilte mir einer der Teilnehmer betroffen entgegen und raunte mir zu, daß der ehemalige Chef des Geländes, der uns das Tor geöffnet hatte, anscheinend an der Aktion teilnehmen wollte. Wie sollten wir da unsere Rituale halten, die Lebenskräfte der Himmelsrichtungen, die kosmischen und die Naturkräfte anrufen? Wie sollten wir den Stein reinigen und segnen, ohne uns dem Mißtrauen eines Gemeindevertreters auszusetzen, der dem Spirituellen vielleicht mißtrauisch gegenüberstand?

Ich war nun vorgewarnt, begrüßte alle und trat so unbefangen auf den Mann aus der Industrie zu, als sei seine Anwesenheit problemlos. Und dann vollzogen wir die Steinsetzung in einer vereinfachten Form. Wir stellten den ersten Stein im Osten auf, und zu seiner Einsetzung legte ich die Hand auf den Stein und sagte munter: »Wir setzen diesen

Stein im Osten, in die Kraft des Sonnenaufgangs und des Frühlings, daß er dem Gelände junge Kräfte gibt und einen guten Neuanfang.«

Zur Einsetzung des Südsteins: »Wir setzen diesen Stein im Süden in die Kraft des Sommers und der Mittagssonne, daß er dem Platz Wachstum und Fülle gibt.«

Zur Einsetzung des Weststeins: »Wir setzen den Stein im Westen in die Kraft des Herbstes, des Sonnenuntergangs, daß er dem Platz reiche Ernte und auch alternden Menschen gute Energien gebe.«

Zur Einsetzung des Steins im Norden: »Wir setzen den Stein in die Kraft des Winters und der Nacht, mit dem Wunsch, daß die Menschen, die hier arbeiten und leben werden, auch die dunklen Anteile des Lebens integrieren und bewältigen können.«

Das dahinterstehende volle Ritual besteht aus zwei Teilen: die Anrufung der Lebenskräfte der vier Himmelsrichtungen (siehe S. 105 f) und das Programmieren von Steinen.

Feiern mit Kindern

In unserem Zusammenleben mit Kindern sollten jahreszeitliche Rituale unbedingt einen Ort haben. Das ist natürlich vorwiegend bei kleineren Kindern angebracht. Jugendliche würden wir, wenn sie nicht bereits an solche Traditionen gewöhnt sind, damit schwerlich ansprechen.

Kleine Kinder lieben Rituale, das heißt, das Wiederkehrende, die festlich spielerische Form. Das kann ein Lied, ein Kerzenanzünden oder das Zufügen eines kleinen Details zum Jahreszeitentisch sein. Das gilt auch für den Kindergarten und die Grundschule.

Feiern in der Familie mit Kindern

Das Feiern in der Familie mit Kindern folgt ganz eigenen Regeln. Hier hat das kleine Ritual, das in der Wiederholung zum vertrauten Bestandteil der Familientradition werden kann, seinen besonderen Wert. Gute Anregungen dazu kommen aus der Sitte der Jahreszeitentische in

Waldorfschulen und -kindergärten. Aus den Gaben der Natur im Jahres-kreislauf, nach Belieben mit kleinen Figuren von Naturwesen bevölkert, wird ein Platz gestaltet. Er bringt uns und die Kinder in eine beschau-liche Kommunikation mit der Natur. Der Schönheit des Herbstlaubs, den Muscheln, Steinen und Baumfrüchten, dem Wechsel der Zeiten, all dem Beachtung zu schenken, sich daran zu erfreuen, ist auch eine Form von Geben und Nehmen. Was wir der Natur da geben – und die von uns dazu angeregten Kinder – ist Wahrnehmen, Beachtung und Aner-kennung. Diese Form der Kommunikation ist wichtiger als viele Worte. Das haben wir ja selbst immer wieder im Leben erlebt, sowohl glück-lich, wenn wir diese Zuwendung erhalten, wie schmerzlich, wenn sie uns versagt wird. Nicht anders geht es Baum und Stein und den damit verbundenen Naturwesen. Sie freuen sich über unsere Zuwendung.

Die Formen, in denen wir darüber hinaus die Jahreszeitenfeste mit Kindern begehen, werden in der Regel eher spielerisch als feierlich sein. Wir müssen uns dabei nicht immer an den Termin der o. g. Festtage halten. So ist z. B. das Laternegehen eine ganz schöne Tradition mit kleineren Kindern, das Licht in die Dunkelheit zu tragen.

Feiern allein und mit Freunden
Wenn ich jemandem erzähle, daß ich etwas über die Jahreszeitenfeste schreibe, so höre ich häufig ein erfreutes: »Das interessiert mich. Dar-über möchte ich gern mehr wissen.« Oft haben die Menschen, die das sagen, gar keine Gruppe, mit der sie solch ein Fest feiern könnten oder wollen. Es besteht trotzdem ein Bedürfnis, diese Tradition wieder auf-zunehmen. Woher kommt das? Und was können wir als Einzelne für Formen des Feierns finden?

Den Grund für das wachsende Interesse an diesem Thema sehe ich vor allem in unserer sich entfaltenden Beziehung zur Erde, zur Natur. Während wir den Kreislauf des Jahres existentieller wahrnehmen, wächst das Empfinden, daß wir mit der Erde, mit der Natur befreundet sein möchten. Je mehr wir uns mit ihrer vielschichtigen Lebendigkeit verbunden fühlen, um so mehr wollen wir dem Ausdruck geben. So geht es uns ja auch mit Menschen. Wenn wir uns befreunden, wächst auch der Wunsch, etwas Schönes miteinander zu unternehmen.

Welche Form können wir allein oder mit wenigen FreundInnen dem Fest geben? Dazu können wir uns erst einmal klarmachen, daß es jenseits aller Form schon einen Sinn macht, ein Jahreszeitenfest bewußt zu begehen. Wenn wir allein sind, feiern wir ja auch Weihnachten, Silvester o. a., ohne daß wir dem eine rituelle Form geben. D. h., wenn wir uns sagen: »Heute ist Samhain (Tagundnachtgleiche usw.)«, einen schönen Spaziergang machen, eine Kerze anzünden und eine Musik hören, die uns besonders berührt, so verbinden wir uns mit den Energien des Tages und der anderer Menschen, die den Tag mit seiner besonderen Gabe würdigen.

Was wir darüber hinaus für uns allein machen, das hängt von unserer Übung mit Meditationen und Ritualen ab. Tun Sie das, was sich für Sie gut anfühlt, was Sie berührt: einen Kraftort aufsuchen, ein Feuer entzünden, trommeln – oder auch ein fröhliches Picknick mit Freunden halten. Es mag sein, daß Sie im Verlauf des Buches und in den konkreten Vorschlägen zu den Festen Anregungen finden, Texte, Meditationen oder Besinnungen, die Sie aufgreifen mögen. Z. B. können Sie als Vorbereitung das einleitende Kapitel »Panorama« lesen und beobachten, welcher »Ausblick« für Sie jetzt Bedeutung hat. Es ist dabei gut, sich klarzumachen, daß es nicht um Formen geht, sondern um das Schwingen mit den lebendigen Energien, um Kontakt mit der Natur und der geistigen Welt. Zugleich geht es darum, uns selbst etwas Gutes zu tun. Das beides gehört zusammen, es bedingt sich gegenseitig.

DER ORT FÜR DAS JAHRESZEITENFEST

Wenn wir ein Jahreszeitenfest begehen, treten wir in den zyklischen Rhythmus der Erde ein, der sich im Lauf des Sonnenjahres, in den Jahreszeiten stets wiederholt. Jedes Fest ist in seiner Bedeutung eng mit der jeweiligen Jahreszeit verbunden. Daß wir in unserer heutigen Kultur diesem Rhythmus so entfremdet sind, liegt zum großen Teil daran, daß wir vom Einfluß der Jahreszeiten nur noch wenig abhängig sind. Wir lassen Dunkelheit und Kälte hinter uns, wenn wir im Winter unsere gut geheizte und beleuchtete Wohnung betreten. Ob in einem heißen oder verregneten Sommer die Ernte gefährdet ist, hat auf unsere Versorgung mit Essen und Trinken keinen Einfluß. Das erleichtert unser Leben. Aber es hat auch dazu geführt, daß unsere Verbindung mit der Erde schwächer geworden ist.

Sinn eines Jahreszeitenfestes ist es nun, der ganz besonderen Schwingung und Energie der Zeit, für die es ein Ausdruck ist, nahezukommen, weil wir Kinder dieser Erde sind und weil das Schwingen in ihrem Rhythmus unsere Lebendigkeit und Erdung erhöht. Ja, wir können so wieder in eine Herzensverbindung mit der geistigen Dimension der Erde gelangen. Allerdings sollten wir nicht davon ausgehen, daß es ganz leicht ist und schnell geht, den entstandenen Abstand zum zyklischen Rhythmus und zur Herzebene der Erde zu überbrücken. Wichtig ist, daß wir an der Absicht festhalten. Sonst bleibt das Fest eine nette und vielleicht auch unterhaltsame Beschäftigung mit dem Thema. Es entsteht aber keine Verbindung mit der Erde auf einer tieferen und höheren Ebene. Zum Gelingen einer solchen Herzensverbindung, trägt der Ort, den wir zum Feiern wählen, wesentlich bei.

Orte in der Natur
Wir haben mit der Kieler Eulengruppe unsere Feste stets im Freien an schönen und kraftvollen Orten in der Natur gefeiert, um der Erde nahe

zu sein und den Kreislauf der Jahreszeiten unmittelbar zu spüren. In warmer und wetterfester Kleidung zogen wir in der kalten Jahreszeit los. Nur zur Wintersonnenwende, also kurz vor Weihnachten, teilten wir die Zeremonie auf. Den ersten Teil feierten wir trotz Kälte und Schnee im Freien. Dann folgte ein besinnlicher Abschluß des Rituals und anschließend das weihnachtliche Beisammensein im Raum bei Kerzenschein.

An Samhain am 1.November und Imbolc am 1. Februar hielten wir uns nah an das wärmende Feuer. Decken zum Draufsitzen, eine Kiste Feuerholz, Trommeln, Rasseln, Picknickdosen, so zogen wir oft beladen durch den Wald oder übers Feld zu unserem Platz. Lachend erinnerten wir uns später, wie wir einmal mit acht oder zehn Leuten, solchermaßen beladen, an einem kalten Tag im Wald an einigen Waldarbeitern vorbeiwanderten. Sie blickten uns mißtrauisch nach. Und wir sahen uns mit ihren Augen: Was sind das für Leute? Flüchtlinge? Obdachlose? Arm mußten sie auf jeden Fall sein.

Ein andermal, als wir angeregt vom Picknick im leichten Schnee zurückkamen, fragte uns eine Familie, die ihren Winterspaziergang machte, wo wir denn herkämen. »Wir haben gepicknickt!« Auf diese Antwort ernteten wir natürlich helles Lachen. Im Schnee picknicken!

Ein Garten oder öffentlicher Park ist selten für solch ein Ritual geeignet. Der Ort muß uns ja Gelegenheit geben, still zu meditieren, frei um ein Feuer zu tanzen, zu singen und zu trommeln, ohne zu stören oder sich von Nachbarn gestört zu fühlen. Ungestörte und kraftvolle Plätze zu finden, am liebsten mit großen alten Bäumen, das ist natürlich eine hohe Forderung. Zurückstecken, sich mit weniger freier Natur begnügen, das können Sie immer. Aber ich möchte Sie ermutigen, die Suche nicht zu schnell aufzugeben. Die Investition an Fahrzeit zu einem geeigneten Ort in der Natur wird belohnt durch die unmittelbare Erfahrung, entspannt und gesammelt mit der Natur schwingen zu können im Geben und Nehmen.

Zuwendung zur Natur

Haben wir uns bereits dadurch, daß wir einen Ort im Freien zum Feiern ausgewählt haben, der Natur zugewandt? In gewisser Hinsicht schon. Mein Anliegen ist aber, Ihnen einen umfassenderen Zugang zum Kontakt mit der Natur aufzuzeigen. Es gibt darin eine ganze Reihe von Stufen. Oft nur wenig Kontakt nehmen Menschen in touristisch reizvollen Gebieten auf, wenn sie die lebendige Natur nur konsumieren, bewerten und benutzen. Mehr nähern wir uns der Natur, indem wir ihre Schönheit sehen und spüren, wie sie unsere Augen und unsere Sinne erfreut. Wir lernen sie kennen, wenn wir uns Kenntnisse über Vögel, Baumarten, Steine und auch über die Erdgeschichte aneignen. Auf diese Weise haben viele Menschen Kontakt mit der Natur. Schon Kinder, deren Interesse im Elternhaus und in der Schule gefördert wird, haben ihr spezielles Gebiet, studieren Sachbücher und Fernsehsendungen zu ihrem Thema. Es wird viel gereist, Bilder in allen Medien vertiefen diese Verbindung der Menschen zur Natur. Diese Form der Naturwahrnehmung bleibt meist bei aller Freude an der Natur dem naturwissenschaftlichen Denken verhaftet. Die Natur ist aus dieser Sicht gesehen zwar schön und vielgestaltig, aber seelenlos. Es ist die Einstellung, die in unseren Schulen und Universitäten gelehrt wird. Dabei wird z. B. in der Biologie nicht mit den Pflanzen, sondern über die Pflanzen gesprochen. Sie sind Objekte, nicht Freunde.

Der nächste Schritt und damit das Betreten einer neuen Ebene ist es, die Natur als Raum mit eigenem Bewußtsein wahrzunehmen. Bäume und Steine, Wasser und Wind, das kleine Kraut und die weite Landschaft sind von eigenem Fühlen und eigener Wachheit erfüllt. Ihr Bewußtsein ist Teil der Emotionalebene der Erde. So können wir den Kontakt mit ihnen auch auf der emotionalen Ebene aufnehmen. Mit dieser Einstellung knüpfen wir an das Wissen früherer Kulturen an und an das Bewußtsein der Mystiker aller Zeiten.

Welche Konsequenzen hat das für unseren Aufenthalt in der Natur? Ziehen wir den Vergleich zum Umgang der Menschen miteinander. Es liegt auf der Hand, daß Menschen voneinander wissen, daß jeder ein Bewußtsein und Gefühle hat. Das bedeutet aber nicht ohne weiteres, daß wir in Kontakt miteinander treten. Je größer die Stadt und die Menschenmenge, um so mehr schirmen sich die Menschen voneinander ab, lassen sich auch auf den direkt neben ihnen Sitzenden in Bus und U-Bahn nicht mehr emotional ein. Jede/r bleibt im Kokon der eigenen Gedanken und Ziele für sich. Die Nähe zueinander ist nur oberflächlich. Austausch findet höchstens auf unpersönlicher Ebene statt.

So kann es uns auch in der Natur gehen. Selbst wenn wir uns die Überzeugung zu eigen gemacht haben, daß um uns waches Bewußtsein vorhanden ist, wenn wir uns mitten in einem schönen Naturpanorama aufhalten, sind wir nicht ständig mit ihm im Austausch. Das ist ganz natürlich. Wir sind mit unseren eigenen Angelegenheiten und Gedanken beschäftigt. Hier haben Rituale ihren Ort. Sie helfen uns, in eine lebendige energetische Schwingung mit der Natur einzutreten, in einen Austausch von Bewußtsein zu Bewußtsein. Das kann ein ganz einfaches Begrüßungs- oder Abschiedsritual sein.

Ein Ritual zur Vertiefung unserer Verbindung zur Natur sind die Jahreszeitenfeste.

Es beginnt schon, bevor wir mit der Zeremonie anfangen. Wenn wir auf dem Weg sind zu unserem Platz und wenn wir ihn betreten, sollten wir erst einmal ganz einfach Kontakt aufnehmen. Uns an einen Baum lehnen, Wasser berühren, Hügel und Berge in der Ferne begrüßen. Es geht ums Begrüßen. Vielleicht ist diese Haltung den anderen in Ihrer Gruppe unvertraut. Das sollten Sie in dieser Phase auf sich beruhen lassen. Es reicht, wenn Sie den inneren Dialog aufnehmen. Und dieser Dialog heißt: Ich nehme Euch wahr. Ich begrüße Euch. Ich danke, daß ich hier sein darf. Das, was da zu schwingen beginnt, können wir mit dem großen alten Wort »Liebe« nennen. Liebe bringt unsere Gefühlsebene zum Schwingen. Wenn wir uns so der Natur zuwenden, kann das Gefühl entstehen: Wir gehören zusammen, wir freuen uns aneinander, wir wollen miteinander das austauschen, was wir uns zu geben haben. Und das kann zu einem Gefühl der Dankbarkeit werden. Und zwar auf beiden Seiten. Wir können ganz sicher sein, daß es in den Wesen der Natur Freude auslöst, wenn wir in dieser Weise beginnen, in Harmonie mit ihnen zu schwingen. Und da sind wir wieder bei dem Anliegen, das ich schon anfangs als wichtiges Motiv für unser Feiern genannt habe. Unser Wohlgefühl, auf dieser Erde zu leben, kann sich ausdehnen. Es findet ein Echo, das uns und der Natur guttut.

Meiner Erfahrung nach (und ich teile sie mit den Freunden der Erdheilungsarbeit), hat dieses Schwingen mit der Natur in den letzten Jahren eine neue Dimension bekommen. Marko Pogačnik nimmt in seiner hohen Sensibilität für das feinstoffliche Geschehen starke Veränderungen im Energiefeld der Erde wahr. Im Zuge dieser Veränderungen ist uns die Ebene der kosmischen Energien und Wesen näher. Wir können leichter als früher die Nähe von Engelpräsenzen wahrnehmen. Zugleich hat sich die energetische Frequenz der Erde, ihre geistige Potenz, erhöht. Bäume, Steine, Wasser teilen sich uns spürbarer mit. Und damit wird es uns immer leichter, mit Himmel und Erde zu schwingen und zu tanzen. Es liegt auf der Hand, daß wir zu solch einem Zusammenschwingen nicht ohne weiteres Zugang finden. Das allgemeine Bewußtsein der Menschheit ist davon heutzutage noch getrennt, gefangen in seinen Mustern und Blockaden. Aber das Schöne ist, daß wir von diesem Zugang zu mehr Lebensfreude und geistiger Weite wissen. Und durch naturverbundene Rituale wird die Kluft zwischen Natur und Menschheit überwunden. Wir tragen damit zur Auflösung der Trennung im Menschheitsbewußtsein bei.

Es kann sich beim Feiern in der Natur als notwendig herausstellen, daß wir vor dem Beginn des Jahreszeitenfestes eine Schutzmeditation halten. Der Grund dafür kann einmal sein, daß wir an einem Ort ein Gefühl des Unbehagens haben, das uns sagt: Dieser Ort ist mit Störungen belastet. Es gibt viele Gründe für solche Störungen aus der langen Zeit der Geschichte. Dann ist es gut, sich zu schützen, um nicht in der Öffnung unseres Bewußtseins, die das Ritual mit sich bringt, die negativen Belastungen aufzunehmen. Ein anderer Grund kann sein, daß wir Menschen in unserer Runde haben, die ein Bedürfnis nach Schutz haben. Den sollten wir ihnen nicht vorenthalten und eine Schutzmeditation durchführen:

Schutzmeditation
Wir atmen und spüren uns in unserer ganzen Lebendigkeit. Dann bitten wir – komm, weißgoldenes Licht – kosmischer Strom der Lebensenergie aus der göttlichen Quelle. – Wir brauchen deinen Schutz – hülle uns in einen Lichtmantel, der alle schädlichen negativen Energien fernhält.
Wir nehmen im inneren Schauen wahr, wie ein Lichtmantel herabfließt – uns ganz einhüllt und sich unter unseren Füßen schließt.
Wir danken für deinen Schutz, weißgoldenes Licht.

Ganz allgemein gilt aber, daß solche meditativen Feiern wie die Jahreszeitenfeste für psychisch labile Menschen nur sehr bedingt gut sind. Im Zweifelsfall sollten sie lieber auf die Teilnahme verzichten, weil ihre Abgrenzung gegenüber den Energien der astralen Ebene zu schwach sein könnte. (Über die Energien der astralen Ebene habe ich ausführlich in meinem Buch »Naturmeditationen« geschrieben).

Kraftorte
Als Kraftorte bezeichnen wir heilige und von besonderen Energien erfüllte Plätze. Hünengräber, Steinkreise, Höhlen und Quellen, auch uralte Bäume markieren manchmal solch einen Ort. In Schleswig-Holstein haben wir außerdem an vielen Orten Hügel, auf denen im Neolithikum die Göttin in ihrer dreifachen Gestalt verehrt wurde.[7] Es tut uns und den Orten gut, wenn wir uns an diesen heiligen alten Plätzen zum Naturritual versammeln. Manche dieser Orte sind allgemein bekannt. Nicht selten haben die Menschen heilige Stätten aus prähistorischer Zeit in ihrer Kraft erkannt und haben Burgen oder Kapellen

an dem Ort gebaut. Wenn Sie hellsichtige Menschen oder erfahrene Geomanten dafür gewinnen können, in Ihrer Landschaft Kraftorte wiederzuentdecken, so ist das für das Feiern mit der Natur ein Gewinn. Allerdings sollten wir nicht von einer formalen oder strikten Trennung ausgehen zwischen Orten in der Natur, die wir ganz spontan als kraftvoll und oder schön empfinden, und Plätzen, die als Kraftorte ausgewiesen sind. Entscheidender für Ihren Kontakt zu einem Ort ist, was Sie dort spüren, wie Sie sich zu diesem Ort hingezogen oder von ihm eingeladen fühlen. Wir kennen ohnehin nur einen Bruchteil der energetischen Struktur der Landschaft und dessen, was in den Jahrtausenden menschlicher Kontakte mit der geistig-seelischen Ebene sich dort eingeprägt hat.

Was macht zum Beispiel die ganz besondere Energie der kleinen Schwentine-Halbinsel im hohen Buchenwald aus, die wir so gern besuchen? Ist es das Zusammenspiel von Wasser, Hügel und alten Bäumen? Ist es die Anwesenheit hoher Naturwesen, der Einstrahlungspunkt kosmischer Energie? Deutet der Name des Flusses Schwentine in seiner alten Bedeutung darauf hin, daß der Fluß als heilig verehrt wurde? War an diesem Ort ein altes Heiligtum? Es ist durchaus möglich, daß erfahrene Geomanten eine Deutung auf solche Fragen geben können. Aber auch ohne diese Deutung haben wir die Heiligkeit des Platzes gespürt, und es hat uns immer wieder dorthin und an ähnliche geheimnisvoll-unscheinbare Orte gezogen.

Jeder Platz, der unsere Gebete und Meditationen aufnimmt, wird dadurch mit der Schwingung von Schönheit, Ordnung und Harmonie erfüllt, die durch das liebevolle Zusammenwirken der Menschen mit den Elementen und den Naturreichen entsteht. Er wird geheiligt in dem Sinne, daß höhere und reinere Energien dort fließen können. Er kommt dem paradiesischen Zustand näher, von dem unsere innerste Sehnsucht weiß.

So beinhaltet der Begriff »Kraftorte« beides: Wir können alte Kraftorte aufsuchen und weitere entdecken. Und wir können durch unsere Naturrituale selber heilige Orte, oder, um es etwas bescheidener und weniger esoterisch auszudrücken, heile Orte schaffen, an denen wir uns wohlfühlen. Dem allerdings sind dort harte Grenzen gesetzt, wo in unserer Stadt- und Landschaftskultur die Naturwesen vertrieben oder unerträglich eingezwängt wurden. Und wo die Quellen der Lebensenergien der Erde zerstört oder blockiert wurden. Dort ist statt des Feierns mit der Natur Erdheilungsarbeit angesagt.[8]

Feiern im Raum

Natürlich ist es auch möglich, Jahreszeitenfeste in geschlossenen Räumen zu feiern. Das geschieht z. B. in Waldorf-Kindergärten und -Klassen, wenn mit den Jahreszeitentischen Natur und Naturwesen in den Raum geholt werden.

Wichtig ist für ein gutes Feiern im Raum, wie ich es Ihnen nahebringen möchte, daß der Raum uns darin unterstützt, in tiefere Ebenen unserer Einheit mit der Natur und ihren Kräften zu gelangen. Räume haben ihre eigene Ausstrahlung. Sie können uns wohltun. Aber sie können auch Energien lähmen oder uns sogar Kraft entziehen. Auch hier können wir, wie bei Plätzen im Freien, selber an der Heilung eines Raumes mitwirken. Das ist allerdings nicht von heute auf morgen möglich. Vieles von dem, was ich im Laufe des Buches an Gestaltungsmöglichkeiten vorstellen werde, um das Gefäß eines Festes zu füllen, eignet sich ebenso dafür, Räume zu reinigen und mit heilsamen Energien zu erfüllen.

Besonders für die Jahreszeitenfeste ist aber, wenn möglich, das Feiern im Freien vorzuziehen. Denn die Substanz dieser Feste erwächst ja aus den Zyklen des Jahres – Kälte und Wärme, Keimen, Reifen und Absterben der Vegetation – und aus dem Erfahren der Elemente. Im geschlossenen Raum besteht die Gefahr, daß in ein Fest ein objektivierender, historisierender Zug kommt. D. h., wir könnten darin steckenbleiben, die Natur, die Zyklen und Elemente zu benennen, ohne in emotionalen und Herzenskontakt mit ihnen zu treten. Um diesen lebendigen Kontakt herzustellen, helfen uns im Raum ausführliche, intensive Anrufungen, wie sie im praktischen Teil des Buches beschrieben werden. Ich erinnere mich gern an ein Seminar in Findhorn, in dem an jedem Morgen zu Beginn der thematischen Runden solche Anrufungen zelebriert wurden. Wir standen im Kreis und wandten uns alle nacheinander in die vier Himmelsrichtungen, während die Leiterin, von ihrer Trommel begleitet, die Lebenskräfte der vier Richtungen anrief.[9]

Auch selbstgezogene und gepflegte Pflanzen, selbstgesammelte Steine haben für Räume eine belebende Wirkung; mehr als Pflanzen und Steine, die bis vor kurzem den belastenden Bedingungen eines Kaufhauses oder einer Blumen-Massenproduktion ausgesetzt waren. Eine schöne Sitte ist auch, daß alle TeilnehmerInnen etwas mitbringen zur Gestaltung der Mitte des Raumes.

GLAUBE UND WELTANSCHAUUNG

Jahreszeitenfeste zwischen Spiel und heiliger Handlung

Es scheint mir sinnvoll, meine Auffassung vom Verhältnis zwischen dem spielerischen Gestalten der Feste und dem sinngebend Ernsthaften, Feierlichen, deutlich zu machen. Denn ich werde mich im Text größtenteils auf den zweiten, den »ernsthaften« Aspekt beziehen. Mein Interesse ist, die Anbindung des Feierns an das, was wir glauben, was für unser Leben wesentlich ist, zu beschreiben. Das heißt aber keineswegs, daß wir diese Anbindung dauernd thematisieren müssen. Es ist ja auch ein Teil des Glaubens an ein erfülltes, glückliches Lebensgefühl, dem Spielen, dem Fröhlichsein, Musik, Tanz und künstlerischer Gestaltung reichlich Raum in unserem Leben zu geben. Nur sollte es nicht allein dabei bleiben.

Wir können davon ausgehen, daß in alten Überlieferungen immer ein ganzheitlicher Sinn verborgen ist, ein »Pfad zwischen den Welten«.

Selbst wenn er den wenigsten Menschen bewußt ist. Die heute üblichen Weihnachtsdekorationen sind dafür ein eindrucksvolles Beispiel. Sie sind in den meisten Fällen ganz säkularisiert und transportieren oft reine Marktinteressen. Die Symbole dieser vorweihnachtlichen, völlig übertriebenen Schmuckinvasion selbst aber sind uralt. Und wenn wir genauer hinsehen, können wir entdecken, wie tief ihr Sinngehalt ist. Ich führe das im Kapitel über die Wintersonnenwende weiter aus (siehe S. 86 f).

Dieselbe Zuordnung von Heiligem und Spielerischen gilt für die volkstümlich erhaltenen Reste alter Traditionen, wie etwa die großen Feuer, den Maibaum und die Karnevalsumzüge.

Sie haben ihren eigenen Wert. Wie bei vielem anderen im menschlichen Leben ist auch in diesem Rest eines Rituals noch Kraft. Es ist die Kraft des Festes, Höhepunkte in unserem Alltag zu setzen, auf die sich die Menschen schon lange vorher freuen können. Es ist die Gabe, die das Fest wie eine freundliche Erlaubnis darreicht: Ihr dürft Spaß haben! Es ist die Kraft der Tradition, die einem Dorf, einem Ort den Raum gibt, sich als Gemeinschaft zu erleben. Es wäre unrealistisch, wenn wir, selber auf der Suche nach den tieferen Schichten der alten Bräuche, uns vorstellten, unsere Ahnen hätten diese Feste stets würdevoll und feierlich begangen. Vermutlich hat derbes Volksvergnügen in allen Jahrhunderten und Jahrtausenden seinen, oft dominierenden, Platz beim Feiern gefunden.

Das Welt- und Lebensbild

Die traditionelle Weltsicht, von der die Rituale geprägt sind, ist der Kreislauf – das Weltbild vieler alter Kulturen. Darin wurde der Ablauf der Jahreszeiten im zunehmenden und abnehmenden Sonnenjahr ebenso erlebt wie im Keimen und Reifen der Pflanzen, im Ernten und in der winterlichen Ruhezeit. Dieser Kreislauf bestimmte das Leben und die Kultur in der Agrargesellschaft. Für den heutigen Menschen, besonders für den Stadtmenschen, spielt der Jahreszyklus keine existentielle Rolle mehr. Die Früchte der Natur werden uns das ganze Jahr über angeboten. Wer sich im Winter nach Sonne sehnt, gönnt sich, wenn möglich, einen Flug dorthin, wo er oder sie auch im Februar am Strand liegen und im Meer baden kann. Ersatzweise tut es auch die Sonnenbank.

Diese Entwicklung, dieses Entfernen vom zyklischen Weltbild ist Folge des materiellen, wissenschaftlichen und industriellen Fortschritts. Und in diesem Fortschritt liegt, auch wenn wir ihn heute skeptisch sehen, zugleich ein Zuwachs an Lebensqualität, eine Bereicherung. Wir müssen nicht mehr wie unsere Vorfahren während der langen winterlichen Zeit der Dunkelheit in spärlich beleuchteten und gewärmten Räumen auf die Wiederkehr der Sonne warten. So sehr wir uns jedes Jahr über ihre Wiederkehr freuen, wir haben uns aus der Abhängigkeit von ihrer Wärme in existentieller Hinsicht befreit. Das ist ein Grund zur Dankbarkeit. So sollte unsere Rückbesinnung auf den Kreislauf des Jahres nicht als eine nostalgische Sehnsucht nach der guten alten Zeit verstanden werden. Es ist eine Illusion, zu glauben, daß in früheren Zeiten alles viel besser war.

Warum aber dann diese Rückkehr zum zyklischen Weltbild früherer Kulturen? Lassen Sie uns, um dieser Frage nachzugehen, erst einmal das heute vorherrschende Weltbild betrachten. Es ist linear, bestimmt vom Kalender; von der Wiege bis zur Bahre, vom 1. Januar bis zum 31. Dezember – wieder ein Jahr vorbei, ein Jahrhundert, ein Jahrtausend. Aus der Sicht des einzelnen Menschenlebens betrachtet, liegt im linearen Lebensablauf etwas Tragisches. Alt werden, gebrechlich, hilfsbedürftig – das erwartet uns auch in der strahlenden Jugendschönheit und Lebensfreude. Und der Tod.

Was die materielle und technische Entwicklung angeht, so ist sie ein ständiges Vorangehen. Das lineare Weltbild ist ein Fortschritts-Weltbild. Im ausgehenden 19. Jahrhundert herrschte ein euphorischer Fortschrittsglaube. Alles schien möglich. Das lineare Weltbild setzt dabei ausschließlich auf Kräfte, die in den Bereich der YANG-Kraft gehören,

Logik, naturwissenschaftliches Denken, Macht- und Konkurrenzverhalten. Nach hundert Jahren, nach zwei Weltkriegen, angesichts wachsender Umweltzerstörung und den in allen Erdteilen schwelenden Bruderkriegen, ist zur Euphorie kein Anlaß mehr. Trotzdem geht die Dynamik des Fortschritts in Form der technischen Entwicklung in immer größerer Beschleunigung weiter. Sie beeinflußt alle Bereiche des menschlichen Lebens. Und die Menschen auf der ganzen Welt, auch in den Staaten, die dieser »Fortschritt« noch kaum erreicht hat, sehnen sich danach, daran teilzunehmen. In diesem Weltbild dominieren die YANG-Kräfte, allem voran in der eskalierenden Waffenproduktion. Zugleich spiegelt diese Weltsicht die physikalische Vorstellung wider, daß das Universum wie eine große Maschine abläuft, wie ein Uhrwerk, das irreversibel abläuft, einem Ende entgegen.[10]

Und nun lassen Sie uns das dritte Weltbild ansehen. Mit den von Darwin und anderen Forschern vorgelegten Erkenntnissen fand der menschliche Geist zu einem weitergreifenden Weltverständnis von der Entwicklung des Lebens in der Evolution. Der Gedanke der Evolution und die Forschungsergebnisse der Chaosforschung lösen die Vorstellung vom ablaufenden Uhrwerk ab. Aber an ihre Stelle tritt nicht das Weltbild vom Zyklus des in sich schwingenden, sich immer wiederholenden Kreislaufs des Jahres und der Natur. Wir finden uns in einer Lebensentwicklung selbstorganisierender und aufeinander aufbauender Strukturen von hoher Dynamik, in der die höhere Stufe stets eine neue, differenziertere Qualität hat.[11]

Welches Weltbild ist nun für uns maßgebend? Ich gehe davon aus, daß es zur Vielschichtigkeit des heutigen Lebens gehört, daß alle drei skizzierten Weltbilder für uns Gültigkeit haben. In jedem steckt ein Stück Wahrheit und Lebenskraft. Das lineare, kalendarische Weltbild ist Teil unserer Lebens- und Arbeitswelt. Aber Menschen, die ausschließlich in diesem Weltbild leben, sind im Grunde sehr arm. Mit dem Verzicht auf die bewußte Teilnahme am zyklischen Naturrhythmus schneiden wir uns von lebendigen Strömen ab, vom Schwingen mit der

Natur, deren Teil wir sind. Dieses Schwingen schließt auch das Dunkle, Wandlung und Tod mit ein, statt es wie einen unerwünschten Nebeneffekt aus dem Bewußtsein zu verdrängen.

Die Fülle des Lebens liegt aber auch in der wachen Anteilnahme an den Bewegungen der Evolution von Mensch und Erde. Diese Bewegungen sind heute nicht nur Abläufe, die wir registrieren, aber nicht beeinflussen können. Sie sind zunehmend gekennzeichnet vom Mitwirken des menschlichen Geistes und der menschlichen Kreativität. Forschung und Technologie nehmen Einfluß auf Evolutionsprozesse. Ich will darauf verzichten, auf dieses Thema näher einzugehen. Dafür ist es zu umfangreich. Ich möchte aber einem oft anzutreffenden Kulturpessimismus, der die fraglos großen negativen Wirkungen menschlicher Eingriffe in die Natur in den Vordergrund stellt, eine konstruktive Haltung zwar nicht entgegenstellen, aber doch hinzufügen. Marko Pogačnik stellte in einem Schreiben an das Lebensnetz unsere Lage so dar, daß wir nicht mehr Kinder der Erde sind, sondern MitarbeiterInnen. Die Erde bleibt immer unsere Mutter, so wie auch für einen erwachsenen Menschen die Mutter Mutter bleibt. Aber wir sind erwachsen geworden (oder sollten es zumindest geworden sein).

Ich plädiere für eine Wachheit, in der wir, ohne die Augen vor der Wirklichkeit und den schweren Schädigungen zu verschließen, die wir der Erde zugefügt haben und weiterhin zufügen, mit Dankbarkeit die Gaben sehen, die uns die technische Entwicklung gibt. Darüber hinaus gilt es zu erkennen, welche Möglichkeiten wir haben, mitzuwirken, daß wir unseren Platz in der Evolution in seiner ganzen Fülle und Verantwortung einnehmen. Wir können Räume entwickeln, in denen wir in der Ganzheit der einen Welt schwingen, die die kosmische, die Natur- und die Menschheitsebene umfaßt.

Weil wir hier und jetzt leben, ist es ein wichtiger Bestandteil der Jahreszeitenfeste, allen drei Weltbildern in den Ritualen einen Raum zu geben. In den Beispielen von Festabläufen finden Sie diese Verbindung mit den verschiedenen Weltsichten in einfacher Form integriert.

Das christliche Erbe

Die zyklische Grundform der Jahreszeitenfeste umfaßt die Zyklen des Naturjahres. Ebenso bezieht sie sich aber auch auf die Zyklen der menschlichen Kultur. Wir haben schon bei dem Überblick über die Feste gesehen, wie bestimmend der geistige Einfluß des Keltischen und danach des Christlichen sie prägte. Wie gehen wir dabei mit der Tatsache um, daß das wiedererwachende Interesse an unseren keltischen und germanischen Wurzeln eine Tendenz mit sich gebracht hat, die Christianisierung vor allem als negativ anzusehen? Gerade die erzählende Literatur hat das aufgegriffen. Jahrzehnte davor hatte bereits die feministische Diskussion diese kritische Tendenz genährt mit Veröffentlichungen über das Ausmaß der Hexenverfolgungen in Europa.

Dieser Frage können wir m.E. nur angemessen begegnen, wenn wir zwei verschiedene Aspekte getrennt betrachten und die damit verbundenen Herausforderungen verarbeiten.

Da ist einmal die ungeschminkte Betrachtung der Gewalt-, Unterdrückungs- und Eroberungsgeschichte, die von der Christianisierung des europäischen Raumes an durch das ganze Mittelalter bis zu den Hexenverfolgungen, die bis ins 17. Jahrhundert andauerten, als eine düstere Kehrseite das Christentum durchzog – und die als persönliche Geschichte manche Menschen bis heute belastet.

Aus den Erfahrungen unserer jüngsten Vergangenheit und dem Zustand der Menschheit heute können wir erkennen, daß Unterdrückung, Eroberung und Gewalt unabhängig von jeder Religion, aber eben auch verbunden mit religiösen Überzeugungen, ständig überall auf der Welt die Macht zu ergreifen versuchen. Das ist nicht spezifisch Teil unseres christlichen Erbes, sondern Erbe unserer menschlichen Natur – also die große Herausforderung, diese primitive Stufe des Bewußtseins als einzelne und als Kollektiv zu überwinden.

Und damit sind wir bei dem emotionalen Aspekt der Frage, wie wir mit unserem christlichen Erbe umgehen. Wenn wir auf dem Groll über die geschichtliche Entwicklung der Christianisierung beharren, wie ich es oben beschrieb, so können wir das vergleichen mit der Phase, die fast jede/r im eigenen Leben durchgemacht hat, einer Phase, in der wir voller Kritik auf unser Elternhaus und unsere Erziehung blicken und uns vornehmlich das Negative daran in den Sinn kommt.

Im Persönlichen tut es uns gut, auch wenn es kein leichter Prozeß sein mag, uns mit unserer Familiengeschichte zu versöhnen, ohne die Schmerzen zu verdrängen. Die heute weit verbreitete Therapieform der Familienaufstellung unterstützt dieses Bedürfnis oder diesen Mut zur Klärung alter Verletzungen.

Es gibt allerdings in der Keltenforschung auch die umgekehrte Tendenz. Nigel Pennick geht in seinem Buch »Die heilige Welt der Kelten« so weit, die Christianisierung als einen harmonischen Übergang vom Keltischen zum Christlichen darzustellen. Dies mag aus der Sicht des irischen Keltentums und der Keltischen Kirche, die sich dort bis ins siebente Jahrhundert gehalten hat, zutreffen. Dort konnte sich nach dem »heidnischen« ein christliches Keltentum entwickeln. In Pennicks Darstellung ist aber andeutungsweise immer zu erkennen, daß der Übergang mit dem Verbot alter keltischer Sitten und mit Bestrafungen einherging. Mag der Übergang im irisch-schottischen Raum relativ friedlich gewesen sein, für den kontinentalen Raum kann von einem friedlichen Ineinander-Übergehen, bei dem die wesentlichen Werte erhalten blieben, wohl kaum die Rede sein.

Auf das Thema dieses Buches bezogen, betrachten wir noch einmal, wie unsere Ahnen nach der Christianisierung mit dem Feiern der Jahreszeitenfeste und ganz allgemein mit dem Kontakt zur Natur umgegangen sind. Die christlichen Priester waren bestrebt, den Menschen den Kontakt mit der elementaren Kraft der Erde und mit den Naturgeistern auszutreiben. Der Naturglaube der keltischen und germanischen Tradition wurde verboten, mit Ängsten vor »dem Bösen« besetzt und im wahrsten Sinne des Wortes verteufelt. Oft wurde er mit brutalen Mitteln unterdrückt. Aber das natürliche Bewußtsein der Menschen hat diese Reduzierung der Schöpfungsvielfalt nicht einfach hingenommen. Die Verbindung mit den Geistern der Natur blieb bis ins Mittelalter noch allgemeines Volksbewußtsein. Daß sie in vielen Erscheinungen stark angstbesetzt war, ist aber nicht nur dem christlichen Einfluß zuzuschreiben. Das Gefühl der Bedrohung durch übelwollende Naturgeister finden wir bereits in der germanischen und keltischen Religion. Ich gehe auf dieses Thema in einem späteren Zusammenhang noch einmal ein (siehe S. 54).

Die Eigendynamik des allgemeinen Volksglaubens enthob den Schöpfergott im Mittelalter seiner alleinigen Zuständigkeit für alle Bereiche des Lebens. Er wurde gewissermaßen dadurch entlastet, daß ihm die Fülle der Heiligen an die Seite gestellt wurde. Wir können in den Heiligenüberlieferungen Spuren entdecken, daß in ihnen die früheren erdnahen Göttinnen und Götter weiterhin angerufen wurden. Und auch im patriarchalen Christentum verschaffte sich die Göttin, die weibliche Kraft des Göttlichen, ihren Platz im männlich dominierten biblischen Kontext. Im hohen Bild der Maria fand sie, wenn auch ihrer urwüchsigen Sinnlichkeit entkleidet, wieder ihren Weg zu den gläubigen Herzen. Vor allem aber haben durch die Jahrhunderte die christlichen MystikerInnen den Glauben auf seinen Urgrund zurückgeführt. Allen voran Hildegard von Bingen. Die MystikerInnen verbanden die christliche Botschaft stets mit der Natur, dem Kosmos und der Vielfalt der geistigen Welt in und um uns.

Ein Bestandteil des christlichen Erbes ist den evangelischen Christen über lange Zeit verlorengegangen, und zwar die Präsenz der Engel. Die katholische Kirche hat im Gegensatz zur protestantischen die Engel nie aus ihren Ritualen und ihrem Glauben ausgeschlossen. Aber die Präsenz der Engel kehrt heute allgemein wieder zurück, und das keineswegs nur im Rahmen der Kirche. Wir können sie unabhängig von jeder menschlich gesetzten Glaubensform als hilfreiche, heilende und tröstende Energien verspüren, wir können sie um ihre Nähe und Hilfe bitten. Auf diese Weise können wir Engel auch zu unserem Feiern einladen. Als eine schöne Form, die Energie der Engelpräsenz wahrzunehmen, haben wir uns zur Wintersonnenwende gegenseitig Engelkarten geschenkt.[12] Wenn wir die Engel wieder in unsere geistige Praxis und unsere Rituale einbeziehen, so möchte ich Ihre Aufmerksamkeit auf ein eigenartiges Phänomen lenken. Die Engel werden heute vor allem im kommerziellen Schmuck meist kindlich, oft ins Törichte übertrieben, dargestellt. Lösen Sie sich von diesem Engelsbild und seinen Darstellungen. Lassen Sie uns zurückkehren zu kraftvollen Engeldarstellungen, die der geistigen Energie ihrer Präsenz eher nahekommen.

Ich habe schon im Überblick über die Feste gesagt, wie wichtig die Entscheidung der kirchlichen Hierarchie war, die Feste, wenn auch in veränderter Form, beizubehalten. Dadurch wurde diese wertvolle Form des Zusammenschwingens von Menschen und Natur wenigstens teilweise gerettet. Und wir können sie heute in der uns gemäßen Weise neu gestalten.

Die Bibel, und gerade das Neue Testament, nimmt auf die Beziehung der Menschen zur Natur wenig Bezug. Ich erinnere mich daran, wie befremdlich und geheimnisvoll mir als Jugendliche die Textstelle aus dem Römerbrief stets war, die dieses Thema aufnimmt: »Das ängstliche Harren der Kreatur wartet auf die Offenbarung der Kinder Gottes.«[13] Für einige kurze Sätze erscheint da »die Kreatur«, Tiere und Pflanzen als fühlende Wesen, ängstlich harrend in der Hoffnung auf Erlösung. Erst jetzt kann ich verstehen, wie dieser Text uns auf unsere Aufgabe als Mitarbeiter in der Schöpfung hinweist.

Ganz allgemein können wir heute in Frage stellen, daß die kirchliche Lehre, wie sie das Neue Testament überliefert, überhaupt mit dem übereinstimmt, was Jesus von Nazareth gelehrt hat. Seine Lehre ist ja erst aufgeschrieben worden, nachdem sie viele Jahrzehnte über nur mündlich überliefert wurde. Die kritische Bibelforschung hat seit langem nachgewiesen, daß dabei manches zugefügt, anderes weggelassen wurde.[14] Auch Marko Pogačnik hat das auf seine intuitive Weise festgestellt.[15] Es ist eine der beglückenden Überraschungen in diesem Jahrhundert, daß mit den Schriften der Essener[16] und anderen lange vergessenen Überlieferungen ganz neue Belehrungen und Gebete Jesu von Nazareth wiederentdeckt wurden. Sie zeugen von einer tiefen Verbundenheit Jesu mit der Natur als Teil seiner heilenden und befreienden Lehre.

Welchen Raum und Stellenwert kann das christliche Erbe im Rahmen der Jahrszeitenfeste haben? Allgemein sind diese Feste eine Form, jahrtausendealte Traditionen wieder aufzunehmen und mit unserem eigenen Inhalt zu füllen. Insofern sind sie unabhängig von den christlichen Setzungen. Für den Inhalt und die Kraft eines Festrituals ist ausschlaggebend, wieviel von uns darin präsent ist. Es geht nicht in erster Linie darum, etwas Schönes zu gestalten, sondern die Stimme unseres Herzens und unseres geistigen Selbst sprechen zu lassen. Und die Verbindung mit den Lebenskräften um, über und unter uns zu finden. Eine Form des Ausdrucks sind Anrufungen. Und damit stellt sich die Schlüsselfrage: Wen rufen wir an?

Das können Sie nur für sich und für die Gruppe, mit der Sie feiern, entscheiden. Ich selber stehe in der Frage meines persönlichen Glaubens an das Göttliche in einem ständigen Prozeß. Es geht dabei um die Suche, wie Unaussprechliches benannt werden kann. Zur Zeit erscheinen mir alle Begriffe als völlig unzureichend. Deshalb benenne ich das Göttliche am Liebsten in einer Weise, die alles umschließt und doch jedem Menschen seine eigene Freiheit der geistigen Vorstellung läßt. So spreche ich von dem kosmischen weißgoldenen Licht oder von dem Strom aus der göttlichen Quelle.

Im übrigen ist die Erfahrung, die ich heute mit immer mehr Freunden teile, daß wir die Kraft und Präsenz dessen wahrnehmen können, was Christus in seiner Inkarnation als Jesus von Nazareth in die Welt gebracht hat. Es ist die Schöpfungskraft selber, die sich strömend in den Herzen der Menschen ausbreitet, die als erneuernde Kraft der Erde in der Natur wirkt und sich zögernd im sozialen und ökologischen Gewissen der Völker ausbreitet. Christuskraft ist viel mehr als die Kraft einer bestimmten Religion. Es ist das Licht aus der göttlichen Quelle.

Verbindung mit den Ahnen früherer Kulturen

Die Tradition der Jahreszeitenfeste haben wir von den Ahnen früherer Kulturen übernommen. Menschen früherer Zeiten, deren Leben vom Rhythmus des Naturjahres bestimmt waren, haben sie auf die unterschiedlichste Weise gefeiert. Manches von ihren Gebräuchen ist uns bekannt, wird erforscht und teilweise wiederbelebt. Vieles aber ruht vergessen im Dunkel der Zeit.

Aber auch wenn wir viel Wissen um die Überlieferung alter Bräuche verloren haben, sind wir doch mit dieser alten Dynamik verbunden. Unsere Kultur baut ja auf ihren Traditionen auf. Und wir können uns bewußt wieder mit den Ahnen verbinden. Denn wir sind weit über das Bewußte hinaus mit ihnen verflochten. Das macht einen bereichernden Anteil an den Jahreszeitenfesten aus.

Wenn wir dem nachspüren, was sich an jahreszeitlichem Brauchtum bis heute in der Form von Festen aus alten Zeiten erhalten hat, so werden wir in verschiedenen Gegenden Europas zu ganz unterschiedlichen Ergebnissen kommen.

Ich lebe in Norddeutschland. Die Bevölkerung ist seit der Reformationszeit überwiegend evangelisch. Hier sind die Traditionen aus vorchristlicher Zeit spärlich. Am weitesten verbreitet ist das Abbrennen eines großen Feuers. Osterfeuer, Johannifeuer, Sonnenwendfeuer. Jahr für Jahr werden Buschwerk und Holzreste, in manchen Gegenden auch altes Gerümpel, zusammengetragen. Das Abbrennen des Feuers wird oftmals ein Spektakel oder ein Anlaß für reichlichen Alkoholkonsum. Dabei wird zu einer tieferen alten Bedeutung des Rituals meist kein Zugang mehr gesucht.

Heute wird die Fortführung solcher Feste häufig vermarktet, z. B. als touristische Attraktion. So traf ich in einer Kleinstadt großformatige Plakate an mit der Ankündigung: »Sonnenwendfeuer – ein Kultevent«. Eine interessante Wort- und Stilmixtur. Sie nimmt das vorchristliche Erbe auf (Sonnenwende), dazu den globalen, nach Nordamerika blickenden Trend (event) und mit dem Begriff Kult wird alles verknüpft.

Er sagt: Seit alten Zeiten liebten die Menschen kultische Bräuche, auf der ganzen Welt werden sie gepflegt. Kommt, auch wir lieben den Kult! Die Sehnsucht nach Ritualen ist, nicht zuletzt bei jungen Menschen, auch heute latent vorhanden und ansprechbar.

In katholischen Gegenden, in denen keltische und germanische Feste in Form der christlichen Feiertage bis heute weiterleben, haben sich weit mehr jahreszeitliche Bräuche erhalten. Es ist schön, alte Formen aus diesen Traditionen mit in das eigene Feiern aufzunehmen. Ich nenne als Beispiel das Reinigen mit Haselruten, das Schöpfen von Quellwasser, das Anzünden von Feuern, das Verbrennen von Altem, das Räuchern mit heilkräftigem oder duftendem Rauch.

Nach diesem Anknüpfen an noch erhaltene Spuren vorchristlicher Jahreszeitenfeste möchte ich in graue Vorzeiten zurückgehen in der Besinnung darauf, wie wir uns mit unseren Ahnen verbinden können. Der europäische Kulturraum ist frühes Siedlungsgebiet. In vielen Gegenden Europas werden Zeugnisse aus der Steinzeit gefunden. Zahlreiche Funde, die viele Jahrtausende zurückreichen, lassen uns den Glauben und die Rituale der steinzeitlichen Kultur ahnen. Ich nenne da die vielen kleinen Statuetten der Göttin oder die Figuren der steinzeitlichen Höhlenmalereien.[17] Besonders sind es die Großsteingräber, Dolmen- und Ganggräber und die Steinkreise aus der Jungsteinzeit, die uns einladen, uns mit den Ahnen zu verbinden, die dort Rituale gefeiert haben. Wir haben aus dieser prähistorischen Zeit keine Überlieferungen über die Form der Rituale. Und doch habe ich ein solches Ritual, einen verschlungenen rituellen Tanz, einmal kennengelernt.

Wir waren vor vielen Jahren während eines Erdheilungsseminars mit Marko Pogačnik an einem alten Dolmengrab im Wendland. Abends telefonierte er mit seiner Tochter Ana in Slowenien, die mit ihrem Landschaftsengel dieses Seminar vorbereitet hatte. Er bat sie, den Engel zu fragen, wie die Menschen damals an diesem heiligen Platz gefeiert hätten. Am nächsten Tag trug er uns die erhaltene Aufzeichnung eines

verschlungenen Tanzes vor, in dem Männer- und Frauenkreis miteinander tanzten. Und wir vollzogen diesen Tanz – über 5000 oder mehr
Jahre hinweg mit den Tanzenden jener Zeit verbunden.

Aus den späteren Perioden danach, aus der keltischen und germanischen Tradition, sind die Überlieferungen schon zahlreicher, welche
Verbindungen herstellen, die uns anrühren.

Was geschieht, wenn wir die Verbindung mit den Ahnen früherer
Kulturen aufnehmen? Diese Frage ist für das Feiern der Rituale, wie
ich es Ihnen nahebringen möchte, von zentraler Bedeutung. Deshalb
möchte ich es keinesfalls bei einem verschwommenen Wunsch belassen;
etwa einer Sehnsucht, zu den Wurzeln zurückzukehren, eine heile Welt
wiederzufinden, in der die Menschen der Natur und dem Göttlichen
noch nicht entfremdet waren. Eine Rückkehr in frühe, als heil ersehnte
Zustände gibt es nicht. Die menschlichen Gehirne, unser Bewußtsein,
unsere Emotionalität, die Entwicklung unserer Individualität und unsere Bedürfnisse haben uns zu stark verändert. Wohin wir zurückkehren
können, das sind nicht die Bewußtseinszustände unserer Ahnen. Wir
kehren vielmehr zurück zu den Quellen, aus denen die Menschen
früher geschöpft haben.

Da sind die unerschöpflichen Quellen der Natur. Wir suchen sie auf
an Orten, an denen Menschen seit Jahrtausenden Kraft, Weisheit und
Heilung empfangen haben. Wenn wir heute unseren Feierplatz durch
einen Steinkreis markieren (siehe S. 54), wenn wir die sieben Richtungen anrufen (I. R., *Naturmeditationen*, S. 110), wenn wir uns mit
den Elementen und den Gestirnen verbinden, so nehmen wir alte rituelle
Formen auf, die in ihrer schlichten Form wie in einer Schale die Kraft
lebendiger Quellen fassen.

Was die Gestaltung der Feste angeht, so haben wir da großen
Mangel an Überlieferungen. Was wir in reichem Maße haben und
woraus wir schöpfen können, das sind die Grundlagen der keltischen
Frömmigkeit. Sie sind recht eigentlich die Basis, auf der wir eine so

neue wie alte Lebenshaltung aufbauen können, die ich Naturmystik nennen möchte. Ich möchte diese Grundlagen in aller Kürze darstellen und aufzeigen, wie weit wir uns heute damit identifizieren können.

Ein umfassendes Symbol keltischer Weltsicht ist der Weltenbaum. »(Der) kosmische Baum (ist) Symbol des Universums und der Gegenwart der Anderswelt. Die Wurzeln des Weltenbaumes reichen bis in die Unterwelt, sein Stamm erhebt sich in unsere Welt und die Zweige erstrecken sich in den Himmel.«[18] Die Lebenswirklichkeit erscheint den Kelten in vier Lebensbereichen, die gleichermaßen das Leben beeinflussen, die Unterwelt, die materielle Welt, in der die Menschen, aber auch die Naturgeister leben, die himmlische Welt der Engel und der Götter, und über allem die Quelle der Schöpfung, das »uralte, anfanglose Eine«.[19]

Hier knüpfen wir heute wieder an. Wir lernen, uns wieder für das Wahrnehmen der immerwährenden Nähe von Naturwesen, Engeln und hohen Geistwesen zu sensibilisieren. Davor steht allerdings der Bewußtseinschritt, die ganze Natur als belebt zu verstehen. Gerade Menschen, die im exakten naturwissenschaftlichen Denken geschult sind, lehnen diesen Schritt vielfach ab. »Es gibt da einfach nichts!« höre ich dann.

Wenn wir uns auf das Verständnis für die belebte Natur einlassen, nehmen wir auch das Wissen um die fünf Elemente wieder auf. Erde, Wasser, Luft und Feuer. Dazu das geistige Element. Es umfaßt sowohl die Lebenskraft, die wir als Prana, Chi, im Christlichen auch als Segen kennen, wie auch die Welt, die wir nicht sehen, die hinter den Dingen verborgen ist. Und die naturwissenschaftliche Ebene begegnet sich mit der spirituellen, wenn wir im Licht in unseren Zellen[20] die Schöpfungskraft unmittelbar am Werk sehen. In einem Interview nennt der weltberühmte Saxophonist Jan Gabarek das, was in seiner Musik mitschwingt, den *spirit*. Und gefragt, was er denn darunter verstände, sagt er schlicht: »Das, was wir nicht sehen, aber hier spüren.« Und damit führt er die Hand zu seinem Herzen.[21]

Die kosmische Achse, die im keltischen Glauben die Lebensbereiche verbindet, ist zugleich der Pfad zwischen den Welten. Es ist der Pfad, den die Schamanen, die Druiden und Eingeweihten aller Zeiten gingen. Auch was die Bedeutung dieses Pfades angeht, leben wir in sich wandelnden Zeiten. Was früher als »Esoterik« ein Geheimwissen war (die Lexika beschreiben das Wort noch so), geht heute mehr und mehr vom einzelnen Eingeweihten auf die Gruppen über. Ich möchte in diesem Buch zeigen, wie ein Jahreszeitenfest so ein Pfad zwischen den Welten werden kann. Denn mir ist es ein Anliegen, dazu beizutragen, daß wir mit diesem Leben mit Kosmos und Erdenergie immer mehr zusammenschwingen. Das wird auch in meinen beiden vorherigen Büchern deutlich.[22]

Einen wichtigen Unterschied zu dem Verständnis des Lebens, von dem ich spreche, sehe ich in der keltischen Vorstellung von der Unterwelt, in der der Weltenbaum verwurzelt ist. Sie wird als der Raum des Dämonischen und von böswilligen Mächten Bewohnten angesehen, vor dem sich die Menschen schützen müssen. Diese Sichtweise ist in Hinblick auf die damaligen Lebensumstände verständlich. »Unsere Vorfahren hatten eine unmittelbare Erfahrung mit einer bedrohenden Umwelt. Wenn die Sonne untergegangen war, herrschte gänzliche Dunkelheit, die Angst vor bösen Einwirkungen weckte. Viele Symbole dienten der Abwehr von Dämonen, waren Beschwörungen der Naturkräfte, waren Reaktionen gegen etwas Übermächtiges.«[23]

Die Angst vor dem Dunklen wird vom heutigen Menschen sehr viel differenzierter erlebt. Die äußere Dunkelheit können wir mit dem Druck auf den Lichtschalter oder notfalls mit einer Taschenlampe erhellen. Dem Dunklen, dem wir im weltweiten Geschehen ständig begegnen, stehen wir eher ratlos gegenüber. Und wo es uns im Persönlichen begegnet, können wir es verdrängen.

Die Jahreszeitenfeste geben uns durch ihre Verbindung zum abnehmenden und zunehmenden Licht immer wieder Gelegenheit, uns mit dem Thema Dunkelheit zu beschäftigen (siehe S. 134-137).

Einmal geht es darum, daß wir als Teil dieser Erde den Rhythmus des Heller- und Dunklerwerdens wieder bewußter miterleben. Ein geistiger Aspekt dieses Themas, der uns hilft, die Angst vor der Dunkelheit aufzulösen, liegt in einem wachsendem Verständnis für die Komplexität des Lebens. Wir nehmen Abschied von einem Dualismus, der das Dunkle mit dem Bösen oder zumindest mit dem Negativen gleichsetzt, und gelangen zu einem Verständnis, das Dunkel und Hell, unsere Licht- und Schattenseiten zusammenfügt. Ein wichtiger Teil der Rituale ist, uns gegenseitig dabei zu unterstützen, uns mit unseren hellen und dunklen Anteilen anzunehmen.

Was von dem Unterweltglauben aus alter Zeit an Ängsten bleibt, bezieht sich auf das Bedrohliche, Dämonische aus der astralen Welt. Das kann kein modernes Denken wegreden. Meine Erfahrung ist, daß wir auch für die Wahrnehmung dieser feinstofflichen negativen Kräfte stärker sensibilisiert werden. Aber wir sind ihnen nicht mehr ausgeliefert. Die lichten Kräfte der Engel, allen voran der Erzengel und die Christusenergie selber sind ein Schutz und eine Kraft, die uns befähigt, die astralen Kräfte als heilungsbedürftig und als Teil der kosmischen Ganzheit wahrzunehmen. Je stärker wir uns mit den lichten Energien verbunden fühlen, um so angstfreier können wir auch die Nähe astraler Energien zulassen – oder abwehren.

Soviel in Kürze zu den geistigen Grundlagen der keltischen Kultur und zu meiner Sicht, wie wir sie in unsere Weltsicht und unser Feiern einbeziehen können.

Lassen Sie uns nun einen kurzen Blick auf die indianische Weisheit werfen mit der Frage, was wir davon in unsere Festpraxis übernehmen können. Was die Grundlagen der Weltanschauung angeht, so finden wir auch dort das ganzheitliche Verständnis der geistigen, der materiellen und der lebendigen Welt der Natur. Im Gegensatz zur keltischen und germanischen Überlieferung reicht uns aber die indianische Kultur eine Fülle von Ritualen und rituellem »Handwerkszeug« dar, aus der wir nehmen dürfen, was uns hilft, unser Bewußtsein für den Reichtum des Lebens zu öffnen. Wie kommt es, daß auf dem amerikanischen Kontinent so viel mehr erhalten geblieben ist?

Auch dort wurden Kultur und Religion der einheimischen Bevölkerung durch die Eroberer nachhaltig zerstört. Die Menschen wurden vielfach gezwungen, Christen zu werden. Und doch haben die indianischen Stämme trotz der massiven Zerstörung ihrer Lebensräume Wesentliches von ihrem Grundbestand rituellen Lebens bewahren können. Er ist für uns so inspirierend, weil er auf einer tiefen Verbindung zur Natur in ihrer ganzen kosmischen Weite und auf einer ungebrochenen Verbindung zu den Ahnen beruht.

Der Grund für dies Bewahren war vor allem, daß die Eroberer oder Siedler im Gegensatz zur Entwicklung im europäischen Raum ihre Kultur nicht mit der indianischen vermengten. Es blieb eine strikte Trennung bestehen. So konnten die wenigen Stammesangehörigen, die ihre alten Bräuche aufrechterhielten, kostbares Wissen retten. Außer der tiefen Verbindung zur Natur sind in den indianischen Riten auch viele therapeutische Aspekte enthalten, das Reinigen, das Loslassen, die Wirkung des Trommelns (Entspannung, Loslassen muskulärer Verspannungen) und die wohltuende Kraft des gemeinsamen Singens.

Heute sind indianische Lehrer bereit, dieses Wissen mit uns entfremdeten Menschen des westlichen Kulturraumes zu teilen. Sie haben lange gezögert, das zu tun. Aber einige Lehrer haben erkannt, daß heute die äußersten Anstrengungen notwendig sind, um die verschütteten Wurzeln freizulegen, um die »zivilisierte« Welt wieder mit den Adern des Lebens auf dieser Erde zu verbinden, bevor seine Grundlagen gänzlich zerstört werden. Dieser Ernst der Lage treibt indianische und schamanische Weise aus allen Enden der Erde, auch aus den vergessensten Winkeln des fernen Ostens, heute ihr Wissen mit uns zu teilen.

Unsere Zuwendung zum Erbe der Ahnen sei dabei nicht von einem diffusen Wunsch nach der Heimkehr in eine heilere Welt bestimmt. Wir verbinden uns vielmehr mit ihnen als Menschen des 21. Jahrhunderts mit all seinen Errungenschaften und Lasten. Die Intention dieses Buches ist dabei weder nostalgisches noch forschend historisches Interesse. Historische Bezüge werden nur andeutend gestreift. Es geht mir vielmehr um uns, darum, den Reichtum unseres ganz eigenen Lebens zu entfalten. Was das in Bezug auf unsere Verbindung zu unseren Ahnen bedeutet, fand ich in dem Buch »Sintflut« von Marianne Fredrikson überzeugend ausgesprochen. Es ist von alten Mythen die Rede und von den Gaben, die die Göttersöhne ihren Kindern auf der Erde hinterließen. »Die schönste Gabe hatten sie vom Mann des Abendsterns bekommen, von ihm, der, bevor er sie verließ, gesagt hatte: ›Ich gebe euch die Mythen, damit ihr sie in die Zukunft weitertragt. Sie werden von jedem Ohr, das sie hört, und von jedem Mund, der sie erzählt, geformt. Deshalb formen sie das Leben.‹«[24]

Die alten Göttinnen und Götter
Mit dieser Intention ausgerüstet, lassen Sie uns unsere Verbindung zu einigen der vorchristlichen Göttinnen und Göttern unserer Ahnen betrachten.

Wie können wir einen geistigen Zugang zu ihnen finden? Sollen sie Eingang finden in unser jahreszeitliches Feiern heute? Was mir am meisten Probleme macht, wenn ich von den keltischen und germanischen Göttern lese, ist das Ausmaß an Gewalt und allen menschlichen Formen von Machtmißbrauch, der den meisten alten Göttern zugeschrieben wurde. Auch die Symbolsprache etwa im alten Inanna-Epos in ihren grausamen Bildern laden mich nicht zur Identifikation ein oder dazu, mir ihre Quellen über ein historisches Interesse hinaus zu erschließen. Und doch sind sie Teil unseres kulturellen Erbes, und es tut uns gut, das nicht zu verdrängen. Ich beschreibe also, was ich bei der Suche nach Verständnis und Integration dieses Erbes gefunden habe.

Die alten Göttinnen- und Götterglauben spiegeln die Wirklichkeit des Lebens der Menschen in ihrer Abhängigkeit von der Natur wider, von ihrer unentrinnbaren Gewalt in Winterkälte, Dürre, Fluten und

Erdbeben, in Krankheit und Tod. Und doch verkörpern diese Glaubensvorstellungen die geistige Welt, nach der die Menschen sich sehnten und die ihrem Leben einen höheren Sinn gab.

In dem Zwiespalt zwischen Achtung und Ablehnung der alten Götterüberlieferungen öffnete mir ein Text in einer klaren Weise die Möglichkeit, ihren Ort in meinem Verständnis der geistigen Welt zu erkennen. Dieser Text stammt aus der längeren Mitschrift einer Botschaft, die eine hellsichtige Frau in meinem Bekanntenkreis empfing. Sie war mit Freunden auf einen bewaldeten Hügel gegangen, auf dem nach alter Überlieferung Baldur und Veleeda verehrt wurden. Dort hatte sie Verbindung zum germanischen lichten Gott Baldur gesucht. Hier der schöne Auszug aus dem längeren Text:

»Ich bin Baldur. Ich freue mich, euch in meinem Wald begrüßen zu können. Ich bin nicht allein. Meine Geschwister sind die Faune des Waldes, die Elfen, die Gnome, aber sie sind versteckt.

Ich weiß, Ihr seid auf der Suche nach dem Licht. Die einzige Religion, die es wirklich gibt, ist das Licht. Und alles, was aus seinem Licht geboren wurde, ist göttlicher Natur. Auch wir. Ob Ihr mich als Baldur kennt oder als Veleeda ruft – das Licht beinhaltet alles. Wir sind das Licht, das es immer gab und immer geben wird. Immer, wenn euch der Alltag in negativer Form belastet, dann ruft nach dem Licht, und wir, eure Freunde, werden euren Ruf hören.

Wärmt nicht alte Geschichten auf aus der Vergangenheit. Gestaltet die Zukunft durch euer Wissen um, die wirklichen Werte und wahren Dinge des Seins.

Und vergeßt nicht das Vertrauen.«

Aus diesem Text entnehme ich zwei grundlegende Erkenntnisse. Er sagt uns, daß alle Benennung des Göttlichen zweitrangig ist. Sie ist zeitgebunden. Die Nähe der geistigen Welt, der göttlichen Schöpfungskraft, die wir wie eine hohe Wesenheit ahnend wahrnehmen, haben die Menschen aller Generationen gespürt. Sie ist zeitlos, ist Ursprung und Bestandteil allen Lebens. Die Namen und Begriffe, die dem Göttlichen gegeben werden, die Bilder, die sich die Menschen von ihm machen, wechseln. Diese Erkenntnis ist entlastend. Sie macht uns die Toleranz gegenüber fremden und fremdartigen Religionen leicht. Und dieser Toleranz bedarf unsere Welt so dringend.

Die zweite grundlegende Erkenntnis liegt in Baldurs Aussage: »Meine Geschwister sind die Faune des Waldes, die Elfen, die Gnome...« also die Elementar- oder Naturwesen. Was bedeutet das? Gehören Götter nicht einer ganz anderen Ebene der geistigen Welt an als Elementarwesen?

Es ist mir seit langem ein Anliegen, in dem geheimnisvollen Bereich des nicht sichtbaren Lebens einen klareren Durchblick zu bekommen. »Who is who?« Das ist natürlich immer nur unter dem o. g. Vorbehalt möglich, daß die Wirklichkeit zwar bleibt, die Benennungen sich aber verändern. Um einordnen zu können, brauchen wir Modelle. Das klarste Modell für die Vielschichtigkeit des Lebens habe ich aus den Weisheiten von Alice Bailey gewonnen. Aus ihrem Diagramm der sieben Ebenen unsres Sonnensystems[25] habe ich vereinfacht das Modell der sieben Ebenen des Seins entwickelt.[26] In meinem Buch »Naturmeditationen« habe ich es ausführlich erläutert. Um mich nicht zu wiederholen, hier nur eine kurze Darstellung:

Wir können uns die Ebenen des Lebens vorstellen als sich immer weiter dehnende Kreise von Bewußtheit und energetischer Klarheit.

- Die physische Ebene der dichten Materie,
- die Astral- oder Emotionalebene,
- die Mentalebene,
- die Ebene der Liebe und Weisheit,
- die geistige Ebene, in der das menschliche Bewußtsein dem Geistigen begegnet,
- die höhere geistige Ebene der Engel und hohen Geistwesen, die in Verbindung stehen mit dem Leben auf der Erde,
- die göttliche Ebene, die über unser Verstehen und Wahrnehmen hinausgeht.

Was unser menschliches Bewußtsein betrifft, so ist es in den ersten beiden Ebenen zuhause. Es hat sich im Laufe der kulturellen Entwicklung darüber hinaus weit in der Mentalebene ausgedehnt. Die Qualität des materiellen Lebens hat sich dadurch enorm verbessert. Wie weit sich aber die Qualität des Zusammenlebens der Menschen verbessert, das hängt davon ab, wie weit sich eine Kultur in die Ebene der Liebe und Weisheit hinein ausdehnt. Dazu können Religionen beitragen. Aber auch das humanistische Denken, das die Forderung nach den Menschenrechten hervorgebracht hat, und ganz unabhängig von jeder Philosophie und Religion die Herzensentwicklung läßt Menschen sich in den Bereich der Liebe und Weisheit hinein entwickeln.

Zurück zur Frage nach den alten Göttern, von der wir uns in diesem Exkurs nur scheinbar entfernt haben. Wenn wir betrachten, in welche Bereiche die Götter der Kelten und Germanen sich ausgedehnt haben, so gibt uns die Baldur-Aussage, seine Geschwister seien die Naturwesen, den hochinteressanten Hinweis, daß die Götter in sehr erdnahen Ebenen angesiedelt sind. Genauso stellen sie sich ja in den Überlieferungen dar. Sie sind äußerst mächtig. Aber das Geistige, die Kompetenz von Liebe und Weisheit, ist in ihrem Handeln recht dürftig ausgeprägt. Ihr Hauptsitz ist die astrale und die mentale Ebene. Den Zugang zur Ebene der Liebe und Weisheit schufen die Druiden und Priester.

Es ist meine Überzeugung, daß die Inkarnationen aus den höchsten geistigen Ebenen in den Gestalten von Gautama Buddha und Jesus von Nazareth der Menschheit einen neuen Zugang zu den höheren Ebenen geöffnet haben. Die schmerzliche Geschichte unserer Kulturen spricht davon, wie stark die alten dumpfen Potentiale der astralen Ebene an den Gewalt- und Machtmustern festhalten. Und doch gibt es die Hoffnung, daß sich das menschliche Bewußtsein hinein entwickelt in die Ebenen der Liebe und Weisheit.

Lassen Sie uns zuletzt wieder zu der Frage kommen, wieweit wir die Göttinnen und Götter in unsere Rituale hineinnehmen können oder wollen. Baldurs Aussage in dem o. g. Text eröffnet uns dazu die Möglichkeit, wenn wir den Wunsch danach haben oder es sich aus einem lokalen Zusammenhang ergibt. »Wir sind das Licht, das es immer gab und immer geben wird«, wird uns gesagt.

Wir haben in der Eulengruppe gern die Inspiration und Heilkraft aus dem Kessel der Brigid empfangen (siehe S. 113) oder mit Baldur die Sonne zur Sommerwende begrüßt (siehe S. 127f). Ich selber liebe die Nähe der Hulda in meinem Garten und wurde zeitweise inspirierend vom Pan begleitet. Geben Sie in diesem Bereich, wenn Sie Freude daran haben, dem romantischen und intuitiven Element seinen Raum. Um es etwas platt auszudrücken: Götter können dabeisein, müssen es aber nicht.

Die Nähe der Verstorbenen

In der indianischen und in der australischen Aborigines-Kultur und anderen althergebrachten Kulturräumen leben die Menschen im Bewußtsein, daß die Ahnen ihnen nahe sind. Diese Vorstellung ist uns heute fremd. Und doch möchte ich das Thema aufnehmen. Wenn wir uns in Ruhe und differenziert der Frage nähern können, was es mit der Nähe Verstorbener auf sich hat, so halte ich das für eine Bereicherung unserer Wahrnehmung der Ganzheit des Lebens.

Es ist auch in unserer Gesellschaft nicht so selten, daß Menschen das Empfinden haben, geliebte oder auch weiterhin kontrollierende Verstorbene seien ihnen nahe. Sie werden das aber meistens für sich behalten als ein Gefühl, über das man nicht spricht, das gesellschaftlich nicht akzeptiert wird. Auch gibt es Menschen, die als »Channel« den Kontakt zur Astralebene herstellen und die Verbindung zu Verstorbenen ermöglichen. Und es gibt spiritistische Sitzungen, in denen Medien, ob vorgegeben oder »wirklich«, sei dahingestellt, die Verbindung zu Verstorbenen herstellen. Ich bin solchen Praktiken gegenüber skeptisch. Es ist für alle Rituale, auf die wir uns einlassen, unbedingt wichtig, daß wir uns in geschütztem Energieraum befinden und uns nicht unbekannten astralen Schwingungen aussetzen. Von solchen Begegnungen spreche ich nicht. Sie gehören nicht in den Bereich der Jahreszeitenfeste.

Ich werde Ihnen von den Erfahrungen berichten, die ich im Laufe vieler Jahre und unter Beachtung dieses geschützten Raumes gemacht habe.

Erst einmal ist eine klare Unterscheidung angesagt. Was wir in unseren Festen thematisieren können, ist die Verbindung mit dem Geist unserer Ahnen. Ich gehe davon aus, daß diese geistige Präsenz auf vielschichtige Weise mit unserem Leben und mit der Landschaft verbunden ist. Über diese Verbindung haben wir das Wissen so gut wie ganz verloren. Hier können wir unserer Inspiration folgen und zu einfachen Ritualen finden.

Etwas völlig anderes als diese stille und vorsichtige Annäherung an das Schwingen mit der geistigen Präsenz der Verstorbenen ist es, wenn wir an einem Ort oder in einem Raum die Nähe von alten Seelen wahrnehmen, die in der astralen Ebene der Erde zu spüren sind. Das ist keine Seltenheit. Im Gegenteil. In alten Häusern und an manchen Orten mit einer alten Geschichte sind solche Seelen präsent. Auch hierüber hat das gesellschaftlich akzeptierte Wissen in unserem Kulturraum ein Tabu verhängt. Trotzdem nehmen die Menschen solche Nähe als ungutes Gefühl wahr. Seelen, die aus den verschiedensten Gründen nach dem Tod im erdnahen Raum geblieben sind, brauchen Hilfe, um ihren Weg weiterzugehen. Darüber habe ich in meinem Buch »Mit Wünschelruten... « ausführlich gesprochen.[27] Ich möchte das hier nicht wiederholen. Ein wichtiger Teil der Arbeit von Marko Pogačnik und der Lebensnetzgruppen, die daraus in vielen Orten entstanden sind, bezieht sich auf die Hilfe und Reinigung für Orte, die in dieser Weise belastet sind.

Im Feiern der Jahreszeitenfeste ergibt es sich bei zwei Gelegenheiten besonders, die Nähe zu den Ahnen zu thematisieren. Einmal ist es das Feiern an alten Kultorten.

Wenn wir uns solchen Orten nähern, können wir mit den Ruten und Pendeln, oder bei entsprechender Sensibilität auch ohne solche Hilfsmittel, feststellen, daß sie von Energieringen umgeben sind wie von Eingangspforten.[28] Und wenn wir dem alten Kultplatz schon recht nah sind, zeigt die Rute nicht mehr nur einen Energiering an durch einmaliges Überkreuzen. Sie beginnt vielmehr, bei jedem Schritt hin und her zu pendeln. Dieses Pendeln der Ruten sagt uns, daß wir auf einem alten Pilgerweg gehen. Mit jedem Schritt pendeln wir vom YIN zum YANG. Das zeigt eine Harmonie, ein Gleichgewicht der Energien an. Ich habe solche Pilgerwege nicht nur an Hünengräbern angetroffen, sondern auch an Quellen und an alten Kirchen. Sie sind dadurch entstanden, daß Menschen in Andacht und Anbetung jahrhundertelang auf diesen Wegen gegangen sind. Das hat sich als eine geistige Schwingung dem Weg eingeprägt. Und wenn wir nun in genügender Achtsamkeit dieselben Wege gehen, so können wir uns mit dem stillen Strom der Gläubigen aus alter Zeit verbinden. Und mit ihnen gemeinsam hier gehen und die Heiligkeit des Lebens in uns tragen (siehe S. 135-137).

Die zweite Gelegenheit zu einer Besinnung auf die Nähe zu den Verstorbenen haben wir im Feiern des Samhainfestes am 1. November, das als Allerseelen und Allerheiligen im christlichen Kontext weiter gefeiert wurde. Es ist aber keineswegs zwingend, das Samhainfest in dieser Weise zu thematisieren. Tun Sie es nur, wenn das Bedürfnis danach besteht.

Zum Abschluß dieses Kapitels möchte ich erwähnen, daß ich beobachte, wie die Entfremdung von den Ahnen zur Zeit gerade auf eine überraschende Weise ein wenig aufgehoben wird. Während ich dieses Buch schreibe, geht gerade eine Welle des Wahrnehmens unserer Ahnen durch die ganze westliche Welt in dem Trend zu Familienaufstellungen. In dieser Therapieform liegt eine große Erweiterung unserer Möglichkeiten, alte Belastungen abzugeben und alte Lieben zu erneuern. Ich selber erlebte, daß ich durch geistige Anleitung die Verbindung zu einer Großmutter fand, die ich nie gesehen habe und die in unserer Familie wegen eines Zerwürfnisses nie erwähnt wurde. Daß ich als alte Frau ein Empfinden haben kann, als ob ich wie ein Kind dieser Großmutter in die Arme laufe und sie liebe, hat für mich etwas so Anrührendes und bereichert mein Gefühlsleben. Von anderen höre ich, wie alte Familienfehden und -verletzungen aufgearbeitet werden. So findet das Thema, die Nähe zu den Ahnen herzustellen, seine Wege.

Das Weiblich-Göttliche heute

Dieses Kapitel spricht von tiefgreifenden Veränderungen im Zusammenspiel zwischen der geistigen Welt und uns. Mehr als tausend Jahre lang hat in dieser Beziehung das massive Ungleichgewicht zwischen dem männlichen und dem weiblichen Aspekt der göttlichen Kraft geherrscht. Und sie herrscht immer noch. Wie im Zusammenleben von Männern und Frauen, so nimmt auch in der Wahrnehmung des Göttlichen der Herr den dominierenden Raum ein. Im atheistischen Denken, das vielfach Frömmigkeit abgelöst hat, drückt sich diese Dominanz in der Vorherrschaft des kühlen Intellekts vor dem Gefühl aus.

Menschen, die für Energien und Schwingungen in der Natur, in Städten und Landschaften sensibel sind, nehmen seit langem wahr, daß die weiblich-schöpferischen Kräfte unterdrückt und in den Untergrund des Lebens verbannt sind. Und nun spüren sie seit wenigen Jahren, wie diese weibliche Präsenz der Schöpfung wieder an Kraft gewinnt, ebenso, wie im menschlichen Zusammenleben die Frauen sich ihrer ganz eigenen Kräfte immer mehr bewußt werden. Das alles ist Teil des Prozesses, der die Dualität aufhebt zugunsten eines Gleichgewichts von YIN und YANG. Kein Dominieren mehr, sondern ein Verschmelzen zur Ganzheit. Marko Pogačnik drückt das so aus: »Die Göttin des Universums (Sophia) und der Geist der Erde (Christus) sind gleichzeitig in mir und um mich gegenwärtig. Miteinander stehen sie für die wunderbare mehrdimensionale, liebevolle Qualität einer neuen Phase in der Menschheits- und Erdenevolution. Sie sind aber nur insoweit gegenwärtig, als der Mensch bereit ist, diese neue Qualität in seinem Leben und in seinem Bewußtsein Wirklichkeit werden zu lassen.«[29]

Hier taucht der Name Sophia auf. Im Lebensnetz, den Gruppen, die aus der Arbeit von Marko Pogačnik hervorgegangen sind, beginnt sich dieser Name für das Weiblich-Göttliche, das sich verstärkt entfaltet, schon einzubürgern. Er geht auf die Gestalt der Sophia zurück, von der in den Apokryphen gesprochen wird, den altjüdischen Texten, die seinerzeit nicht in den Kanon des Alten Testaments aufgenommen wurden. Es gibt von den Mystikern bis ins 19. und 20. Jahrhundert eine umfangreiche Sophia-Forschung.[30] Aber für die meisten Menschen ist der Name und mehr noch die göttliche Gestalt der Sophia ganz unbekannt. Wie also sollen wir das Weiblich-Göttliche heute benennen? Manche finden das, was sie empfinden, am ehesten in Maria verkörpert. Andere sagen einfach: die Göttin. Für mich selber ist das völlig Neue, daß ich Christus und Sophia als Eins erlebe – und das ist für mich selber kaum zu fassen: die Quelle des Göttlichen als strahlende Christus-Schöpfungskraft und zugleich ungetrennt als überwältigende mütterliche Liebe. Ich kann das noch nicht in einem Kreis unterschiedlicher Menschen, mit denen ich meditiere, einbringen. Es muß erst klarere Gestalt gewinnen. Manch anderem mag es ähnlich gehen. So höre ich oft: Wie wir es oder ihn (Gott) benennen, ist unwichtig. Er ist da, (sie ist da), darauf können wir uns verlassen. So erleben wir, daß nicht nur in der Natur, im Kraftgewebe der Erde das Weiblich-Göttliche neu seine Gestalt gewinnt. Es gewinnt sie genauso in uns. Der Prozeß hat begonnen und ist noch lange nicht abgeschlossen. Wir haben noch Mühe, es auszudrücken.

Wie immer wir das Weiblich Göttliche benennen, es ist wichtig, daß wir ihm in unseren Ritualen Raum geben in all seinen Formen – in uns wie in der Natur. Das ist nicht abhängig davon, ob nur Frauen oder Männer und Frauen teilnehmen. Wichtig ist aber, daß ebenso, wie die Ausgrenzung des Göttlich-Weiblichen beendet ist, auch keine

Ausgrenzung des Männlichen stattfindet. Dies mag in vergangenen Jahrzehnten in der feministischen Bewegung seine Bedeutung gehabt haben. In Jahreszeitenfesten hat es nichts zu suchen.

THERAPEUTISCHE ASPEKTE

Mit dem Begriff »Therapeutische Aspekte« wollen wir einfach sagen, daß es beim Feiern der Jahreszeitenfeste in erster Linie um uns selbst geht. Lassen wir es nicht dabei bewenden, daß wir alte Bräuche wieder aufnehmen wollen oder anregende Themen für unsere Gruppenarbeit suchen. Gegen solche Motive ist nichts einzuwenden. Dabei sollte aber nicht außer acht gelassen werden, daß wir uns selber etwas Gutes tun. Dazu nehmen wir etwas in das Ritual hinein, das uns weiterhilft auf unserem Weg zu klarerer Gestaltung unseres Lebens und zu mehr Frieden und Lebensfreude.

Es gibt viele therapeutische Übungen, die sich eignen, in jahreszeitliche Rituale aufgenommen zu werden.

Ich nenne einiges, das meiner Erfahrung entsprechend gut dazu geeignet ist. Sie können diese Anregungen aus Ihrer Erfahrung heraus und den Schwerpunkten Ihrer Arbeit entsprechend ergänzen. Dazu bieten Tanztherapie, Kunsttherapie, Ton-, Klang- und Musiktherapie, Atemtherapie und anderes mehr reichlich Stoff.

Besinnung auf sich selbst
Wenn wir viel »Programm« haben, wenn wir eine Fülle von Gestaltungselementen in unser Fest eingebracht haben, dann kann, wenn wir nicht darauf achten, die Aufmerksamkeit der TeilnehmerInnen so auf diese Inhalte gerichtet werden, daß für das Sich-selber-Spüren wenig Gelegenheit bleibt. Um uns selber wahrnehmen zu können, brauchen

wir einen Raum und eine Zeit der Stille. Atemübungen und Atemmeditationen lassen uns uns selber spüren (siehe S. 116f). Ebenso
meditative Tänze mit ganz einfachen Formen, die unsere Aufmerksamkeit kaum beanspruchen. Darüber hinaus gibt es in der jeweiligen
Thematik der einzelnen Feste und Jahreszeiten Formen der Besinnung,
in denen wir besondere Aspekte unseres Seins meditativ betrachten
(siehe S. 109 u. a.). Dazu geben Stichworte bei der Beschreibung der
einzelnen Feste Anregungen.

Loslassen

Das Loslassen brauchen wir in vielerlei Gestalt. Erst einmal müssen wir
die Alltagsunruhe, die wir mitgebracht haben, loslassen. Dann etwas
von dem, was uns belastet an Problemen, Ängsten, Sehnsüchten und
Aggressionen, die gerade in unserem Leben aktuell sind. Und dann
sind da noch die »Altlasten« unserer Muster und inneren unbewußten
Blockaden. Für Übungen, die das Loslassen stimulieren, möchte ich
Ihnen drei Grundmuster vorschlagen, die diesem Prozeß eine starke
energetische Kraft geben. Da ist einmal die Atemübung, etwas in die
Erde hinein abfließen zu lassen. Dafür ist es hilfreich, sich diesen Ener-
gieprozeß klar zu machen. Wir geben Energien, die uns belasten, an
die Erde ab. Belasten und verschmutzen wir damit nicht die Erde,
bürden ihr auf, was wir nicht mehr tragen möchten? So ist es keineswegs.
Um das zu verstehen, hilft uns das Bild des Kompostes. Wir geben den
leicht stinkenden Inhalt eines Eimers für organischen Abfall auf den
Komposthaufen. Und was geschieht? In einem Jahr hat die Erde daraus
duftende, nahrhafte Erde gemacht. (Vielleicht kennen Sie solche Erde
nur als fertig gekaufte Blumenerde.) Das Geheimnis ist, daß es der
Erde möglich ist, den lebendigen Gehalt des »Abfalls« zu erkennen,
die Grundbestandteile. Und daß sie mit Hilfe vieler Kleinlebewesen die
Kraft und das Wissen hat, sie in sinnvoller Weise wieder neu zusammen-
zusetzen. Übertragen wir dieses Vorgehen der Erde auf den Prozeß,

unsere Lasten in die Erde abzugeben, so bedeutet das: Unsere Energien, die wir als Streß, Wut oder was immer erleben, sind reine Lebensenergie. Für uns haben sie sich zu einer belastenden Form zusammengeballt. Vertrauen wir sie der Erde an, dem Lebensprozeß, so werden sie wieder der allgemeinen Lebensenergie zugefügt, YIN zu YIN, YANG zu YANG, ein Energiefluß, aus dem sich neue Prozesse entfalten können.

Eine andere Form des Loslassens, die sich für unsere Feste gut eignet, ist das Verbrennen. Wir geben etwas, das wir loslassen wollen, in einen Gegenstand, den wir dann dem Feuer übergeben zur Wandlung. Wenn wir einen Weg zum Festplatz gehen, so kann schon jede/r für diesen Anlaß ein besonderes Stück Holz sammeln. Oder jede/r hat schon etwas von Zuhause mitgebracht. Schön ist es auch, Kräuterbüschel oder eine Schale mit Kräutern neben das Feuer zu stellen, aus dem jede/r sich etwas nimmt, den eigenen Wunsch hineingibt und es ins Feuer wirft. Dabei ist der würzige Rauch ein sicht- und riechbares Zeichen, daß Verbrennen wie Loslassen zugleich Wandlung bedeutet. Die emotionale Energie, die wir loslassen, verschwindet nicht. Sie wird gewandelt, wie ich es oben beschrieben habe.

Durch das Loslassen und Abgeben entsteht in uns freier Raum. Versäumen Sie nicht, in anschließenden Übungen, Meditationen oder Visualisierungen diesen Raum mit stärkenden und lichtvollen Kräften zu füllen.

Von all den schönen Loslaßübungen, die es gibt, nenne ich noch das sich Schütteln. Es kann durch Trommeln und Rasseln unterstützt werden. Wir können es in der Form des freien Tanzes ums Feuer mit Rasseln in den Händen genießen. Natürlich können Sie auch eine CD mit entsprechendem Percussion einlegen. Aber ich halte den selbsterzeugten rhythmischen Klang für kraftvoller, um das Loslassen, auch der muskulären und in den Muskeln festgehaltenen emotionalen Spannungen zu unterstützen.

Sich reinigen

Die Anlässe, sich zu reinigen, sind im ganzen dieselben, die ich im vorigen Kapitel für das Loslassen genannt habe. Aus keltischen Traditionen ist uns das Reinigen mit Ruten überliefert, das früher vor allem nach der Winterzeit in dunklen und rauchigen Räumen wohltuend für Mensch und Vieh wirkte. Reinigungsübungen tun uns wohl. Es bietet sich an, daß wir uns gegenseitig reinigen, z. B. mit frischgeschnittenen Hasel- oder Weidenzweigen. Aber wirkungsvoll ist auch das Bespritzen mit Wasser, Reinigen durch Rauch aus Räucherschalen oder visualisiertes Reinigen mit kosmischem Licht (siehe S. 112 u. 115).

Heilende und stärkende Energien aufnehmen

Heilende, uns stärkende Energien aufzunehmen, ist meiner Auffassung nach ein umfassender Grund dafür, diese Feste zu feiern. Sie geben uns die Gelegenheit, mit Energiebereichen in Verbindung zu treten, denen wir in unserem Alltagsablauf selten einen Platz einräumen. Auch in den Festgestaltungen der westlichen Kultur unserer Tage, in Tanz- und Sportfesten, Feten und Familienfeiern hat das Auftanken mit hohen stärkenden Energien oft keinen Raum. Gerade weil dieser Aspekt so wichtig für die Jahreszeitenfeste ist, lasse ich es an dieser Stelle bei dem allgemeinen Hinweis auf seine Bedeutung. Denn ein großer Teil der Texte in diesem Buch sind dem gewidmet, wie wir mit den Lebensenergien der verschiedensten Ebenen Kontakt aufnehmen können. Wenn wir das üben, so wird es mit der Zeit zu einer Gewohnheit, die wir in unseren Alltag integrieren können.

Es war für mich eine beglückende Bestätigung für die Kraft der Jahreszeitenfeste, als ein Freund, mit dem ich sie jahrelang gefeiert hatte, es ganz einfach ausdrückte. Er muß mit vielerlei Belastungen fertigwerden. »Morgens gehe ich ein paar Schritte in die Natur. Und abends, wenn ich erschöpft bin, schaue ich in den Sternenhimmel. Das gibt mir die Kraft für den Tag.« Das ist letztlich das, was uns bereichert, die

Verbindung mit den lebendigen Kräften von Himmel und Erde in unser Leben zu integrieren.

Von der Dualität zur Einheit

Die Überwindung des dualen Denkens ist Teil eines neuen Bewußtseins, das sich zunehmend verstärkt und das die Jahreszeitenfeste aufnehmen. Sie sind ein sehr geeigneter Ort, dieses Verständnis des Lebens, unserer Existenz einzuüben. Im dualen Denken, das traditionell vorherrscht, gibt es überall Trennung: weiblich und männlich, unterschiedliche Rassen, dunkel und hell, gut und böse, Mensch und Tier. So ist unsere Erde nun einmal, können wir sagen. Und doch entfaltet sich ein Verstehen, daß die Dinge nicht voneinander getrennt sind; daß wir als Frauen auch männliche Anteile in uns haben und umgekehrt; und daß es wichtig ist, diese Anteile zu entwickeln, um ganz zu werden. Die Unterschiede verlieren ihre Kraft zur scharfen Abgrenzung. Das heißt nicht, daß Böses, Verletzendes nicht mehr von dem, was uns guttut, unterschieden werden kann. Aber je mehr wir uns kennen, um so mehr wissen wir, daß wir das Verletzende auch in uns haben. Die Trennung wird aufgehoben. Wir können dieses Bewußtsein als ein Phänomen des Wassermannzeitalters betrachten, das uns die atemberaubende Hoffnung gibt, die Menschheit werde (oder könne immerhin) das duale Denken, in dem sie seit einigen Jahrtausenden verhaftet ist, als Trennendes überwinden.

In den Jahreszeitenfesten können wir uns diesem neuen Denken am ehesten nähern im Rhythmus des Jahres, im Annehmen von dunkel und hell, im Schwingen mit der Natur. Wie weit Sie es darüber hinaus thematisieren, hängt von den Bedürfnissen Ihrer Gruppe ab.

II. Elemente der Festgestaltung

Das Ritual

Wann sprechen wir beim Feiern von einem Ritual? Ich werde im Laufe des Buches oft voraussetzen, daß unsere Absicht ist, Rituale zu gestalten. Obwohl der Begriff etwas Feierliches hat, sind Rituale in unserem Leben keineswegs auf Feiertage beschränkt. Das Bedürfnis der Menschen nach rituellen Formen ist so stark, daß sie sich immer und überall bilden, in der Alltags- und in der geistigen Sphäre, im Kinderzimmer wie in der Konsumwelt. Rituale sind Formen, durch die einzelne, Familien und ganze Gesellschaften dem Leben im Kleinen und Großen Halt geben.

Ein Ritual, so wie ich den Begriff einsetze, trägt ebenso wie der Ort, den wir für unser Feiern auswählen, zur Kraft und Schönheit des Festes bei. Die Form unterstützt uns dabei, uns auf den Inhalt des Festes einzustimmen.

Ein Ritual, wie ich den Begriff gebrauche, hat einige feststehende Merkmale.

1. Es hat einen klar formulierten Anfang und ein ebensolches Ende. Wenn wir z. B. an einem Platz ankommen, an dem wir feiern wollen, so werden wir uns erst mit dem Platz vertraut machen, die Aussicht genießen usw. Oder wenn wir uns in einem Raum treffen, gibt es Begrüßungen, ersten Austausch, vielleicht auch noch Absprachen zum Ablauf. Und irgendwann fangen wir an. Da ist es wichtig, auf klare Weise den Anfang zu zelebrieren. Das kann auf die verschiedenste Art geschehen.

Es kann eine Minute der Stille sein, ein Handkreis, in dem wir uns verbinden. In einer Gruppe, die sich noch nicht kennt, kann es eine Namensrunde sein.

Wenn Sie mit einer Gruppe mehrere Jahreszeitenfeste feiern, so empfiehlt es sich, dieselben Abläufe, mit denen Sie beginnen, zu wiederholen.

Einstimmen auf den Ort

In der Eulengruppe legten wir immer als erstes einen Kreis von acht Steinen in den Himmelsrichtungen aus und bezeichneten damit unseren Feierraum. Auch ein Segensspruch eignet sich gut als Anfang. Ich liebe dafür mehr als alles andere einen uralten Text, der von hoher Energieschwingung getragen ist. Er verbindet uns mit allem Sein. Aber mehr als das. Wir treten in diese Verbindung als Friedensbringer.

Friede allen Wesen.
Friede allen Wesen im Osten, im Westen, im Süden und im Norden.
Friede allen Wesen in der Höhe und in der Tiefe.
Friede an diesem Ort,
Friede in diesem Kreis,
Friede in jedem von uns,
Friede in mir.

Eine anderer sehr schöner Anfang ist die Anrufung der Lebenskräfte, die wir in der Hinwendung zu den vier Himmelsrichtungen anrufen und bitten, uns zu unterstützen. Sie finden das auf S. 105 ausführlich beschrieben. Diese Anrufung kann, im Gegensatz zum Steinkreis, auch gut in einem geschlossenen Raum durchgeführt werden.

Ebenso wie ein Ritual mit einem klaren Anfang beginnt, wird es möglichst mit solch einer Form beendet. Das heißt, wir gehen nicht einfach ins Plaudern oder Aufbrechen über. Ein stiller Hand- oder Schulterkreis oder ein Lied kann einen solchen Abschluß bilden. Durch dieses Verhalten wird ein Energieraum geschaffen, der seine eigene Kraft hat.

2. Ein Ritual wird entweder angeleitet oder es folgt allgemein be-kannten Abläufen. Während des Rituals wird nicht oder nur aus-nahmsweise über den Ablauf diskutiert. Das ist vorher geschehen. Wenn eine Gruppe längere Zeit zusammen die Feste im Jahr feiert, ist sehr zu empfehlen, daß der Ablauf in seinen einzelnen Teilen von meh-reren Teilnehmenden angeleitet wird. Die Rollen sind dann aber vorher klar verteilt. Oder sie werden mit Blickkontakten oder spontan weitergegeben oder übernommen. Wenn die Gruppe es liebt, daß spontane Vorschläge einbezogen werden, so muß darüber so viel Konsens bestehen, daß sie ohne Diskussionen aufgenommen werden. Etwa, daß ein Lied oder ein Tanz vorgeschlagen wird, der gerade jetzt passen würde.

Ein Ritual ist also vorbereitet worden, und in der Regel wird es von jemandem angeleitet, dem die Gruppe diese Aufgabe anvertraut hat.

3. Ein Ritual hat einen Sinn, der über die einfache Beschäftigung mit einem Thema oder über ein Spiel hinausgeht. Wenn Sie eine Tanzgruppe haben, so braucht das Tanzen keine weitere Begründung und keinen höheren oder tieferen Sinn. Nehmen Sie nun das Thema eines Jahres-zeitenfestes für einen Tanzabend, so werden die Tänze, in denen Sie den besonderen Sinn des jeweiligen Festes thematisieren, die Gruppe mit etwas verbinden, das über die Freude an der Bewegung hinaus-geht, sei es in der Verbindung mit der Natur oder mit welcher The-matik eines Festes auch immer. Es muß keineswegs äußerlich Feierlich-keit eintreten. Aber wir nehmen eine erweiterte Bewußtseinsdimension auf.

Lieder und Instrumente

Singen und Klingen hat in jeder Festgestaltung seinen Platz. Hier steht uns zu unserem Thema eine Fülle von Möglichkeiten zur Verfügung. Da ist zuerst einmal das **Singen**. Aber schon da wird es problematisch.

Wir haben heute im deutschen Kulturraum kaum noch gemeinsames Liedgut. Das war in früheren Generationen anders. Dazu kommt, daß sich, überschwemmt vom reichen Angebot der elektronischen Klänge, die junge Generation weitgehend abgewöhnt hat, selber zu singen. Wenn in der Schule und schon im Kindergarten gemeinsam gesungen wird, werden eher Lieder aus dem reichen Medienangebot der Kinderkassetten gewählt als traditionelles Liedgut. Dabei kommt heraus, daß jedes Kind etwas anderes kennt. Wir waren verblüfft, als in einer Adventsrunde unseres Meditationskreises ein kleines Mädchen zwar keines der Weihnachtslieder kannte, die wir sangen. Sie trug uns dafür stolz ihr Lied vor: »Adventskranz, Adventskranz, du bist ein tolles Ding.«

Volkslieder tragen ihre eigenen Energien mit sich. Marko Pogačnik machte uns darauf aufmerksam, daß in den traditionellen Volksliedern die Emotionen der Menschen, die sie gesungen haben, aufbewahrt bleiben. Die Lieder geben in ihrem Text den Emotionen des Menschen Ausdruck, singen von Liebe und Trennung, von der Verbindung zur Natur, von Freude und Trauer. Und das, was da schwingt, rührt die Naturwesen, die ja Teil der Emotionalebene der Erde sind, unmittelbar an. So ist es eine schöne Möglichkeit, sich über die Lieder mit ihnen in Verbindung zu setzen.

Also wieder Volkslieder singen? Das ist ja in der Theorie schön, aber wir können eben nur noch sehr begrenzt auf dieses gemeinsame Liedgut und auf die Lust am gemeinsamen Singen zurückgreifen. Auch Marko Pogačnik hat es aufgegeben, auf diesen Schatz zurückzugreifen. Trotzdem, wenn Sie gern singen, lohnt sich der Versuch, herauszufinden, was noch einige kennen. »Kein schöner Land«, »Der Mond ist aufgegangen«, »Dat du min Leevsten büst«, »Geh aus mein Herz« und »Abendstille überall« nenne ich mal. Wenn die Stimmung es gestattet und wenn da jemand ist, der gern singt und ein gutes Textgedächtnis hat, so kann sich mit dem gemeinsamen Singen eine wohltuende Energie entfalten.

Inzwischen steht ein umfangreiches internationales Liedgut bereit, das sich vorwiegend aus der indianischen Tradition speist und heute weit über die rein am Indianischen orientierten Gruppen hinaus gesungen wird. Hier finden wir auch für unsere Feste einen Schatz von Liedern für viele Anlässe. Diese Lieder wurden meist mündlich weitergegeben. Dadurch gibt es mitunter rhythmisch unterschiedliche Versionen, etwa von so bekannten Liedern wie »The earth is our mother« oder »The river is flowing«. Viele Menschen können diese Lieder gemeinsam singen. Können? Oder muß ich sagen, könnten? Denn auch hier hat die Elektronik das gemeinsame Singen nicht gefördert, sondern oft ersetzt. Es gibt schöne CDs mit diesen Liedern, die vielen bekannt sind, ohne daß sie sie selber singen.

Zu diesem Selber- Singen möchte ich ermutigen. Erst wenn wir uns mit dem Text und dem Klang verbinden und er in uns tönt, kann er seinen vollen Gehalt entfalten. Ich möchte das an einem Beispiel deutlich machen. Wir sangen in der Eulengruppe gern das wunderschöne Lied

Return again, return again,
return to the land of your soul.
Return to who you are,
return to what you are,
return to where you are,
born and reborn again.

Wenn Sie den Text langsam nachsprechen, können Sie sich vielleicht hineinversetzen, was er mit uns machen kann, wenn wir im energetischen Raum eines Rituals mehrmals diesen Text singen. Er wird zu einer tiefen Meditation, in der jeder seinen ganz eigenen Weg gehen kann.

Nun nahm ich vor einiger Zeit an einem schönen Tanzkreis teil. Da wurde eine CD eingelegt, auf der dieses Lied, in einer höchst kunstvollen Weise instrumentalisiert, von einer schönen Stimme gesungen wurde. Wir tanzten danach einen angeleiteten Rhythmus. Es war ein schöner Tanz. Ich sang voll Freude leise den Text mit. Und dann stellte ich fest, daß niemand anders den Text inhaltlich wahrgenommen hatte. Er ging einfach verloren. Das als Beispiel, was wir uns vorenthalten, wenn wir auf das eigene Singen verzichten.

In den Erdheilungsgruppen um Marko Pogačnik ist an die Stelle des Singens das **Tönen** getreten. Das ist eine gute Möglichkeit, unabhängig von jeglichem Liedgut dem Klang in unserem Feiern Raum zu geben. Es kann ein gemeinsames OM sein oder ein Tönen in offenen Vokalen, vorwiegend dem A. Oft ergeben sich daraus reiche Klangvolumen. Ich möchte das keineswegs nur als eine Art Ersatz zum Singen nennen. Tönen hat eine eigene hohe energetische Kraft. In Erdheilungsgruppen wird es als heilende und reinigende Energie eingesetzt.

An weiteren Klängen nimmt für manche Menschen und Gruppen das **Trommeln** einen besonderen Platz ein. Wer gewöhnt ist, zu trommeln, wird das den eigenen Erfahrungen gemäß einsetzen. Zur rhythmischen Begleitung des Singens, als Einstimmung, als Form der Meditation und der Verbindung zur Erde.

Aber auch für Gruppen und Anleitende, die keine Trommelerfahrung haben, bietet sich die Trommel bei den Jahreszeitenfesten an. Es genügt ein Trommeln im einfachen gleichbleibenden Rhythmus, dessen Stärke und Tempo der oder die Trommelnde spontan kommen läßt. Der Trommelklang wirkt auf der nonverbalen Ebene harmonisierend und verbindet uns mit unseren Wurzeln. Außerdem ist er imstande, während stiller, intensiver Vorgänge während eines Rituals die Energien zu erhöhen und zu halten, z. B. wenn jede/r nacheinander in eine Spirale geht (siehe S. 126 f) oder dem Feuer etwas übergibt, das gereinigt und gewandelt werden soll (siehe S. 118).

Eine ähnlich energiestützende Funktion hat das **Rasseln**. Gerasselt wird meist nicht von einzelnen. Jede/r die oder der eine Rassel hat, läßt sie tönen. Das ist sehr belebend, ja lustvoll, wenn etwa alle rasselnd um das Feuer tanzen und springen oder wenn der Kreis mit dem energiestützenden Rasseln die einzelnen bei einem solchen Tanz begleitet (siehe S. 122).

Außerdem können Sie alle Arten von **Instrumenten** hinzuziehen, die Sie lieben, auch Klangschalen und Gongs. Ein Mann in unserer Gruppe setzte, wenn er ein Ritual anleitete, gern eine orientalische Rohrflöte ein. Etwa bei der Frühlingsübung, bei der wir als schlummernder Same oder als Blumenzwiebel still hocken und uns dann langsam aufrichtend entfalten (siehe S. 119).

Es soll sich in diesem Rahmen aber nie um ein »Vortragen« von Musik handeln. Die Instrumente haben vielmehr dienende Funktion, um uns in unserem geistigen und emotionalen Tun zu unterstützen.

Und der heute gebräuchlichste Klangerzeuger, die CD oder Kassette? Ich habe wohl schon hinreichend begründet, warum ich dieses Medium für die Jahreszeitenfeste nur äußerst begrenzt für geeignet halte. Was wir in diesen Festen tun wollen, so wie ich es Ihnen vorstelle, geht mit einer Stimulierung unserer eigenen Kräfte, mit einer meditativen Einkehr zu den tieferen Räumen unseres Seins und mit intensiver Verbindung zur Natur einher. Je mehr wir also bei uns selbst bleiben und auch unsere eigenen Klangräume einsetzen, um so besser. Fassen Sie das aber nicht doktrinär auf als ein Verbot von Elektronik. Ich kann nur aus meiner eigenen Erfahrung sprechen. Am ehesten kann ich mir vorstellen, daß CD und Kassette eine Unterstützung sind, wenn Sie mit Tänzen arbeiten. Für andere Formen des Rituals möchte ich Sie anregen, die Eigeninitiative zu erproben.

Feuer und Rauch

Feuer und Rauch sind seit alters her Bestandteil zeremonieller Praxis. Das **Feuer** als Element steht erstaunlicherweise sowohl für die leuchtende, lebenserzeugende und -erhaltende Kraft des Lichtes und der Wärme wie für Zerstörung und Vernichtung. So können wir es auch in unseren Festen als Träger der hellen wie der dunklen Seite des Lebens einsetzen. Erst einmal ist es eine Bereicherung für unsere Zeremonie im Freien, wenn in der Mitte des Kreises ein Feuer brennt. Wir hatten gleich zu Beginn der Eulengruppe das Glück, daß jemand auf dem Sperrmüll eine große blecherne Schale fand, ideal, um darin im Freien ein Feuer zu machen, ohne eine Feuerstelle anlegen zu müssen. Eine einfache Grillschale hat uns auch schon ähnliche Dienste getan. Aber wie auch immer Sie es von dem gewählten Platz und von Ihren Feuererfahrungen her einrichten können, besonders in der kälteren Jahreszeit ist es eine Bereicherung, ein Feuer anzuzünden. Beim Anzünden ist es schön, zu singen oder auch das Feuer mit einem Feuertanz zu ehren (siehe S. 112). In der weiteren Zeremonie bietet sich vornehmlich die Reinigungskraft des Feuers an. Dafür ist Imbolc oder die Frühlings-Tagundnachtgleiche besonders geeignet: Loslassen, was sich in der dunklen Jahreszeit angesammelt hat – und in der Übertragung auf unser Leben heißt das, was sich in uns an Dunklem in Gefühlen, Gedanken und alten Mustern gesammelt hat. Wir übergeben dem Feuer etwas, und es wird von den Flammen zerstört, vernichtet. Auf diese Weise geben wir dem Akt des Loslassens einen symbolischen Ausdruck.

Ein weiterführender Aspekt in unserem Umgang mit dem verzehrenden Feuer ist die Erkenntnis, daß es zu den Grundrhythmen des organischen Lebens auf der Erde gehört, daß gewachsene Formen zerstört werden müssen, damit sich Neues bilden kann. Positiv ausgedrückt: Es kann nur etwas Neues entstehen, wenn Raum dafür geschaffen wird, wenn wir Altes abgeben. Nach so einem Verbrennen von Altem kann ein Loslaßtanz, Schütteln, Springen und Rasseln befreiend und erleichternd wirken (siehe S. 112).

Und weiterhin steht die Kraft des Feuers für Wandlung. Dieser Gedanke setzt eine andere Vorbereitung voraus, die Vorstellung, daß, physikalisch gesprochen, keine Energie verlorengeht. Es findet nur die Umwandlung in einen anderen Zustand statt. So übergeben wir dem Feuer etwas mit der Bitte, es umzuwandeln. Dem kann eine vertiefende Besinnung vorausgehen.

Der **zeremonielle Rauch** ist ein wunderbarer Helfer für unsere Zeremonien. Er wurde und wird in aller Welt und zu allen Zeiten angewandt. Auch in der christlichen Kirche war er jahrhundertelang fester Bestandteil des Ritus und ist es in der katholischen und orthodoxen Kirche heute noch. Nach der Reformation wurde er aus den evangelischen Kirchen vertrieben.

Ich habe in meiner Räucherschale (einer großen Schalenmuschel) Salbei, oft auch Beifuß und Lavendel; dazu Süßgras, das zwar bei uns nicht wächst, aber in langen Zöpfen geflochten in entsprechenden Läden verkauft wird. Es wird fein geschnitten oder gebrochen. Dazu füge ich die kleinen Harzkügelchen von Weihrauch. Und, damit es gut brennt, zerriebene Räucherkohle. Ganze Tabletten dieser Kohle in die Räucherschale zu legen, unterlasse ich, nachdem die dadurch entstandene Hitze einmal einen braunen Fleck in den Holzboden gebrannt hatte, auf dem die Schale abgestellt war.

Wenn Sie bereits an indianisch orientierten Zeremonien teilgenommen haben, kennen Sie zeremonielle Formen, die eigene Aura mit dem Rauch zu reinigen. Dazu kann entweder die Schale von einem zum anderen weitergereicht werden. Oder jemand geht herum und bietet jedem den Rauch zur Reinigung dar. Ist die Gruppe nicht an indianische Traditionen gewöhnt, so lieben doch alle den Duft der Räucherschale. Wir können sie ohne große zeremonielle Formen darbieten, so daß jede/r sich mit den Händen von dem reinigenden Rauch etwas nehmen kann. Gehen Sie davon aus, daß das eine hilfreiche Wirkung hat, um unsere Aura und die Aura oder Atmosphäre des Raumes zu öffnen. So wie wir die Fenster öffnen und frische Luft uns freier atmen läßt, so öffnet sich die Enge unseres Alltagsbewußtseins für andere Ebenen der Natur und des Geistes.

Sind wir in der freien Natur, so nehmen die Naturwesen den Rauch wahr. Sie lieben das.

Nicht nur als Einleitung, sondern auch im Fortgang eines Rituals können wir den Rauch einsetzen. Etwa als Variante zum Thema Loslassen. Jede/r nimmt aus einer Schale getrocknete Kräuter, verbindet sich und die Kräuter in der Hand mit einem Anliegen, das im Ritual angesprochen wurde, und streut die Kräuter ins Feuer. Schön ist auch zu Imbolc oder zur Frühlings-Tagundnachtgleiche, sich mit dem alten keltischen Glauben an den Segen der Brigid zu verbinden (siehe S. 113).

Das als kleine Beispiele, die Sie zu eigenen Ideen anregen können.

Tanzen

Das Tanzen in seinen verschiedenen Gestalten sollte bei keinem Jahreszeitenfest fehlen. Ganz allgemein lockert die gemeinsame Bewegung den Ablauf auf und verstärkt den festlichen, freudigen Charakter eines Rituals.

Da ist zuerst einmal der angeleitete Tanz. Ich habe schon von dem Unterschied gesprochen, einen Tanz anzuleiten, der seinen Sinn ganz in sich hat, in der Freude an der Bewegung, und von einem Tanz, der symbolisch etwas ausdrücken und vermitteln will. Tänze, die während eines Rituals eingesetzt werden, gehören in der Regel zu der zweiten Form. Im letzten Teil des Buches werden Sie dafür einige Beispiele finden. Ein Tanz dieser Art sollte sich auf einfache Formen beschränken, die nicht zu viel Aufmerksamkeit beanspruchen. So können wir, unabgelenkt von Sorgen über den »richtigen« Schritt, unsere innere Achtsamkeit dem Inhalt zuwenden.

Scheuen Sie sich nicht, zu einem einfachen Liedtext oder zur Trommel selber eine Tanzform zu entwickeln und anzuleiten. Etwa aus den Grundformen

- im Kreis gehen oder springen,
- zur Mitte gehen und wieder hinaus, (im Kreis angefaßt)
- die Arme in die Höhe ausbreiten und wieder senken,
- schöpfen aus der Tiefe und empfangen aus der Höhe,
- die Gaben zum Herzen führen,
- sich nach außen und damit der Natur zuwenden.

Sie verwenden damit zeitlose Ritualgesten und -bewegungen, die unseren Gefühlen und der Sprache unseres Herzens unmittelbaren Ausdruck geben können. Im Dunklen, etwa zur Wintersonnenwende ist ein Lichtertanz, auch aus einfachen Formen gestaltet, wunderschön. Jede/r hält dazu ein oder, schöner noch, zwei Gläser mit Teelichten in den Händen. Im Laufe der Jahre haben wir diesen Lichtertanz zur Wintersonnenwende vielfach abgewandelt, z. B. als Tanz im Kontakt mit den Sternen. Einmal fast übermütig als Feuertanz, bei dem wir Wunderkerzen an langen Gerten befestigten, sie am Feuer anzündeten und damit Spiralen und Kreise in den dunklen Himmel malten.

Mit dem letzten Beispiel gehe ich schon über zum Thema »Freies Tanzen«. Das freie Tanzen kann ein Fest gut auflockern, kann etwa nach einer meditativen Besinnung für einen harmonischen Ausgleich sorgen und für eine Stimulierung einfacher Lebensfreude. Der freie Tanz, unterstützt von Rasseln oder Trommeln, oder als Tanz ums Feuer spricht etwas Kindliches, Ungebundenes in uns an. Dabei geht es nicht um »schönes« Tanzen. Dem einfachen Springen und Kreisen sollte der Vorrang gegeben werden. Denn auch diese Tänze haben ein Motto, innerhalb des Rituals stehen sie unter einem bestimmten Thema. Besteht in der Gruppe große Lust am Tanzen, so kann man nach Abschluß des inhaltlich geschlossenen Rituals ein freies, sich selbst genügendes Tanzen anschließen und das Fest auf diese Weise ausklingen lassen.

Meditation und Besinnung

Meditationen im weitesten Sinne tragen uns in die Besinnung auf das Anliegen des jeweiligen Festes. Gedacht ist dabei weniger an klassische Meditationsformen, die ihre eigenen Zeiten und Räume haben, als an Phasen der Ruhe, die uns tiefer zu uns selbst und zur geistigen Ebene des Lebens führen.

Welche Form der Meditation Sie einsetzen, das richtet sich in erster Linie nach Ihrer eigenen meditativen Praxis und dem Verständnis, das Sie in Ihrer Gruppe voraussetzen können.

Im letzten Teil des Buches habe ich die verschiendensten Beispiele dazu ausgeführt. Dabei handelt es sich oft um geführte Meditationen. Wer selber die stille Meditation liebt, wird es vorziehen, eine kurze Besinnung zu geben, an die sich dann eine längere stille Meditation anschließt.

Einen anderen Stellenwert werden Sie der Meditation geben und andere Formen werden Sie wählen, wenn Sie das Jahreszeitenfest mit einer Gruppe feiern, die keine Erfahrung und vielleicht auch wenig Zugang zur Meditation hat. Auf diese Problematik bin ich im Kapitel »Einbindung in vorhandene Gruppenformen« eingegangen.

Außer der geleiteten und der stillen Meditation möchte ich noch die Atem- und die Bewegungsmeditationen nennen. Die Anleitungen, die ich oben zur Gestaltung von freien Tänzen gegeben habe, sind dafür ebenso als Grundlage geeignet. Auch das Legen eines Mandalas, das sich besonders zur Herbst-Tagundnachtgleiche als Erntedank anbietet, ist eine Form der Meditation.

Geben und Nehmen

Es bereichert das gemeinsame Erleben, wenn wir nicht nur nebeneinander das Ritual zelebrieren, sondern wenn wir uns dabei auch einander zuwenden. Ich schildere einige Formen, in denen wir das in der Eulengruppe praktiziert haben. Da gab es das gegenseitige reinigende Abstreichen mit Haselruten und die freundliche gegenseitige

Nacken- oder Rückenmassage. Als der Weg zum Feierplatz uns einmal zur Frühlings-Tagundnachtgleiche über einen kleinen Bach führte, hatte jede/r einen kleinen Krug mitgebracht und Wasser geschöpft. Im Laufe der Zeremonie teilte jede/r auf die eigene Weise das Wasser an alle aus.

Mitunter hatten wir für jede/n eine kleine Gabe mitgebracht, Muscheln, Steine, Federn oder eine Blüte (siehe S. 122). Zur Wintersonnenwende brachte jede/r eine Kerze mit, die dem Nachbarn, der Nachbarin im Kreis mit einem Segenswunsch überreicht wurde. Auch liebten wir es, für sie/ihn eine Engelkarte für das neue Jahr zu ziehen.[31]

Das Lied »Ich nehme von dir, ich gebe dir« oder in der ursprünglichen englischen Version »From you I receive, to you I give, together we share and thus we live,« gibt dem Geben und Nehmen eine schöne und fröhliche Tanzform.[32]

III. Die einzelnen Jahreszeitenfeste

Wintersonnenwende

Die Überlieferungen über Festtraditionen der Wintersonnenwende aus vorchristlicher Zeit beziehen sich auf zwei Aspekte. Da ist zum einen die Tradition des mittwinterlichen Opferfestes bei den Germanen, oft Yule oder Yulfest genannt. Mit Feiern und festlichen Gelagen wurde es begangen. Dazu kommt die Bedeutung der Zeit zwischen Weihnachten und dem Epiphaniasfest am 6. Januar. In der »Germanischen Mythologie« von Golther (1885)[33] wird die Überlieferung so beschrieben: »Die Zwölften, die Zwölfnächte zwischen Weihnacht und Dreikönig (spielen) im Volksaberglauben eine große Rolle. Da sind alle Geister los und suchen die Menschen heim. Der Wode, Frau Holle, die Percht, das wütende Heer ziehen um und werden mit Opfern geehrt. Alle Arbeit ruht, besonderes Backwerk wird zubereitet, festlicher Schmaus gehalten. Das sind die Loosnächte, in denen die Zukunft erforscht werden kann, welche die Witterung und damit die Fruchtbarkeit des kommenden Jahres anzeigen. Da ereignen sich wundersame Dinge.«

Von der besonderen starken Kraft der Wintersonnenwende spricht mehr als die eher spärlichen Überlieferungen von germanischen Festen die Tatsache, daß die großen Religionen, der Buddhismus ebenso wie das Christentum, den Geburtstag ihres Stifters in die Tage um die Wintersonnenwende gelegt haben. Mit der kalendarischen Genauigkeit eines Geburtsdatums hat das nichts zu tun. Es ist ein symbolisches Datum, das eine lebenserhaltende Kraft betont. Der Jahreslauf beginnt nach dem dunkelsten Tag von neuem. Die Zeit der Sonneneinstrahlung nimmt wieder zu. Das ist für das Leben des Menschen und der ganzen

Natur in ihrer Abhängigkeit von der Sonne ein Grund zur Freude und Hoffnung mitten in der Zeit des Mangels.

Wie und warum feiern wir heute wieder die Wintersonnenwende?

Für die meisten Menschen sind die Wochen um Weihnachten schon genügend gefüllt mit Advents- und Weihnachtsfeiern der verschiedensten Art. Was hat es für einen Sinn, dem noch eine Sonnenwendfeier zuzufügen? Oder geht es darum, Weihnachtsfeiern durch Sonnenwendfeiern zu ersetzen?

Um hier eine Antwort zu finden, stelle ich erst einmal die Frage: Was ist der Grund für dieses allgemeine Bedürfnis in vorweihnachtlicher Zeit, uns in all unseren unterschiedlichen Gruppierungen, mit der Familie, mit Freunden und Kollegen, darüber hinaus auch oft noch mit Vereinsfreunden zu Weihnachtsfeiern zu treffen? Der Anlaß hat in den allermeisten Fällen nichts mit einem Feiern zur Geburt des Christkindes zu tun. Ich habe oft über diese Frage nachgedacht und bin zu dem Schluß gekommen, daß wir mit diesem Brauch zu einer der Grundkräfte zurückkehren, die unserem Leben seinen Wert und Halt geben. Und das ist die menschliche Gemeinschaft in all ihren Formen.

Die Besinnung auf das, was wir in der heutigen Zeit wirklich brauchen, zeigt sich auch in dem Verhalten dem Weihnachtsfest selber und den Weihnachtsgeschenken gegenüber. Immer mehr Menschen ersetzen das übertriebene und teils sinnlose Kaufen und Schenken von Unnötigem durch ein Geschenk für sich und ihre Lieben, das sie am nötigsten brauchen: ein paar Tage im Schnee oder in der Sonne, Ruhe, Abschalten. Wenn ich in der Berufsschule die Frage stellte, was das beste an Weihnachten ist, bekam ich überwiegend die Antwort: »Die freien Tage«. Freie Zeit und die Festigung der menschlichen Bande untereinander, zwei Grundbedürfnisse, und die Weihnachtszeit der Raum, um uns auf sie zu besinnen.

Ein Blick in die Vergangenheit zeigt, wie Menschen in verschiedenen Zeiten unterschiedliche Grundbedürfnisse in ihre Weihnachtsfeiern hineingeholt haben. In Zeiten bescheidener Lebensverhältnisse spielte das üppige Weihnachtsessen eine große Rolle. Und durch das Weihnachtsgeschenk wurden dringende Wünsche erfüllt, ein Paar Schuhe, ein neuer Mantel oder auch nur ein paar Leckereien. Mit leuchtenden Augen erinnerte sich eine Bekannte, wie zu Weihnachten jedes Kind vom Onkel eine Tafel Schokolade bekam, die einzige Schokolade im ganzen Jahr.

Was sich über die Jahrhunderte und wahrscheinlich Jahrtausende als durchgehende Tradition erhalten hat, ist die Freude am Licht in der Dunkelheit. Das allein ist Grund genug für diese Festzeit. Die Menschen haben seit je in die Zeit, in der es immer dunkler wird und immer kälter, ihre eigene Wärme und das Fest des Lichtes gesetzt. In die Zeit des größten Mangels setzten sie ein tröstliches Genießen. Und heute, wo elektrisches Licht im Übermaß Straßen und Häuser erhellt, suchen wir mit dem Kerzenschein das lebendige, stille Licht.

Brauchen wir etwas, das über diese Formen des Feierns in der dunkelsten Zeit hinausgeht? In den Jahrhunderten, in denen christliche Frömmigkeit das Leben der Gesellschaft bestimmte, gaben die Feiern in der Kirche und das Singen der christlichen Weihnachtslieder dem Fest seinen tieferen Sinn. Blicke ich heute um mich mit der Frage, welche lebensspendende Bedeutung für die Menschen, die ich kenne, das Feiern der Geburt Jesu noch hat, und welchen Ausdruck das in der Gesellschaft findet, wie sie sich in den Medien zeigt, so ist da für weite Teile der Gesellschaft nur noch wenig, ganz wenig bedeutungsvolle Kraft zu spüren. Das Feiern bleibt auf der Ebene der rein menschlichen Sinngebung.

Doch das stimmt nicht ganz. Wenn wir uns näher ansehen, welche Symbole das vorweihnachtliche Bild im Privaten und im Kommerziellen bestimmen, können wir eine überraschende und ermutigende Erfahrung machen. Sehen wir uns die Symbole an, die überreichlich in den Dekorationen der vorweihnachtlichen Zeit verwendet werden: Krippe und Christkind sind in den Hintergrund getreten. Ich sehe vor allem

Sterne, Tannengrün, Lichter, Weihnachtsmänner und Engel, Engel in jedem Schaufenster, auf dem Geschenkpapier, als Tonfiguren und Plastiklampen, einfach überall. Dahinter steht keinesfalls immer eine tiefere Beschäftigung mit dem Inhalt der Symbole. Es sind liebgewordene Bilder. Und doch haben sie in ihrem Symbolgehalt nichts Oberflächliches oder Sinnentleertes. Mir scheinen sie vielmehr ein Ausdruck des kollektiven Unbewußten zu sein, das mit erstaunlicher Klarheit ins Bild setzt, was wir wirklich brauchen:

- die Verbindung zur Natur – Tannengrün,
- die Verbindung zum Kosmos – Sterne,
- die Verbindung zum inneren Licht – die einfache Kerze,
- der Wunsch, zu schenken und beschenkt zu werden und die Verbindung zur Familie – im stets freundlichen und schenkbereiten Opa, dem Weihnachtsmann,
- und, wie kitschig verfremdet auch mitunter, die Nähe der geistigen Welt, des Göttlichen – in den Engeln.

Einerseits ist es erfreulich, die tiefere Bedeutung der Weihnachtsdekoration wahrzunehmen. Wem das weihnachtliche Ambiente genügt, der wird nicht nach Sonnenwenden fragen. Aber wenn wir einen Ausdruck für die tiefere Bedeutung dieser dunklen Zeit suchen und wenn die christliche Sinngebung uns nicht mit dem in Berührung bringt, was wir wirklich brauchen, dann steht er für uns bereit, der Reichtum der Wintersonnenwende.

Allerdings können wir da nicht auf überlieferte Formen des Feierns, auf altes Brauchtum zurückgreifen. Also müssen wir, wie bei den meisten Jahresfesten, selber nach der Form suchen, in der wir die alten Kräfte neu beleben wollen. Es geht darum, anstelle der hektischen Betriebsamkeit, die in der Weihnachtszeit oft eine innere Leere überdeckt, unsere Aufmerksamkeit auf das zu sammeln, was unser Herz nährt und uns dem inneren Frieden näherbringt.

Die Themen für die Gestaltung der Wintersonnenwende liegen auf der Hand. Allem voran die atemberaubende Tatsache, daß der Dunkelheit ein Ende gesetzt wird. Das Licht der Sonne kehrt nach dem immer dunkler und dunkler Werden der letzten Wochen zurück. Das ist Anlaß zur Identifizierung mit der Sonne, zu Besinnung und Dank. Darüber hinaus können uns die o. g. Symbole Hinweise geben: die Verbindung zur Natur, zum Kosmos, besonders zu den Sternen, Feiern mit dem Licht der Kerze (Lichtertänze), das Schenken und die Verbindung zu den Engeln.

Wenn wir im Freien feiern wollen, so werden wir gern ein Feuer im Mittelpunkt unseres Kreises anzünden.

Die Gestaltungsvorschläge, die ich im nächsten Kapitel gebe, zeigen zu diesem wie zu allen Jahreszeitenfesten Möglichkeiten zur Festgestaltung auf.

Imbolc

Imbolc, das keltische Fest, das wir auf den 1. Februar datieren, ist, verglichen mit anderen Festen, eher unscheinbar. Außerhalb seiner christlichen Fortführung als Lichtmeß und als alte Festtradition in Irland ist es weitgehend in Vergessenheit geraten.

Und doch birgt es in der Dynamik des Jahreskreislaufes seine ganz besondere Kraft und Aussage. Die wichtigsten Überlieferungen der Bedeutung von Imbolc möchte ich so beschreiben:

Es ist eine Zeit der Reinigung. Das Leben in winterlicher Enge und Dunkelheit neigt sich dem Ende zu. Das Abklingen der Kälte und die Hoffnung auf den ersehnten Frühling trieb früher die Menschen dazu, sich, ihre Wohnräume und ihr Vieh einer Reinigung zu unterziehen. Es ging nicht um Abwaschen äußeren Schmutzes, sondern um die Reinigung von negativen Kräften, von Aufladungen mit belastenden Energien. Dazu wurden Mensch und Vieh mit Reisigbündeln aus Hasel-,

Weiden- und Birkenzweigen abgestrichen.[34] Auch das Räuchern mit reinigenden Kräutern für Menschen, Vieh und für die Wohnräume und Ställe gehörte dazu.

Die Schutzgöttin des Imbolcfestes war Brigid. In der Gestalt der heiligen Brigitte hat sie diese Aufgabe nach der Christianisierung beibehalten.[35]

Auch für uns heutige Menschen hat das wiederkehrende Licht eine wichtige Bedeutung. Trotz der künstlichen Lichtquellen empfinden viele Menschen die Zeit der langen Dunkelheit sehr intensiv, etwa, wenn sie morgens im Dunkeln zur Schule oder zur Arbeitsstelle gehen und oft erst im Dunkeln wieder heimkehren. Da wächst die Sehnsucht nach der Wiederkehr der Sonne. Die Beobachtung: »Es wird schon wieder heller!« beginnen wir Ende Januar, Anfang Februar auszutauschen. Noch ist es Winter. Aber das Ende der dunklen Jahreszeit beginnt, wenn auch erst zaghaft. Für dieses Hoffnungschöpfen steht das Imbolcfest, in seiner christlichen Form die Lichtmeß.

Das schönste Bild für das Erleben der zunehmenden Sonnenbahn ist mir das Haus im Gebirgstal, in dessen Fenster seit November kein Sonnenstrahl mehr fällt, weil die Sonnenbahn hinter der Bergkuppe bleibt. Und an einem Tag, eben am Imbolc ist es dann so weit: um die Mittagszeit schaut die Sonne über den Berg. Und ein Strahl fällt für kurze Zeit durchs Fenster und bis auf den Tisch. Aus Freude über diesen ersten Sonnenstrahl und zu seiner Begrüßung wurde dort auf dem Tisch eine Kerze angezündet.

Diese Erfahrung gibt es auch in der Stadt. Ich habe selber mehrere Jahre in einer Parterrewohnung gelebt, in der sich die Sonne von November bis Februar nicht über die gegenüberliegende Häuserreihe erhob. Und dann vertiefte sich von Tag zu Tag der Schimmer, der Vorbote der Sonne, an einer Dachecke. Und eines Tages erschien sie selber, das reine Leuchten des Sonnenlichtes blickte in meine Veranda.

Mit dem Feiern des Imbolcfestes geben wir der Freude und Dankbarkeit über das Wiederkehren des Lichtes Ausdruck. Der Tanz um ein großes Feuer paßt gut zu dieser kalten Jahreszeit. Und obwohl es noch kalt und der Frühling noch nicht da ist, können wir den Neubeginn, die Wiedergeburt des keimenden Lebens schon ahnen. Wir stellen uns auf den Wechsel ein. Dazu gehört das Reinigen von winterlichem Ballast und das sich Stärken für den Weg ins Frühjahr.

Das keltische Imbolcfest stand unter dem Segen der Schutzgöttin Brigid. In ihrer sich wandelnden Gestalt erkennen wir noch das Bild der neolithischen dreifaltigen Göttin (Marko Pogačnik, *Die Landschaft der Göttin*) – der weißen, der roten und der schwarzen (siehe S. 112). Mit dem Imbolcfest begann die jährliche Wandlung der Göttin. Die dunkle Hag, die Hüterin der Unterweltmysterien wandelte sich zur Frühlings- und Fruchtbarkeitsgöttin Brigid. Brigids Gaben an die Natur und an die Menschen waren Heilkraft, Feuerkraft und Inspiration.

Die Gestalt der Brigid hat uns in der Eulengruppe wie kaum eine andere Göttinnengestalt angesprochen. Ein wunderbares Gefühl breitete sich aus, wenn eine Frau aus der Gruppe in der Kraft der Brigid Kräuter in einem Kessel anzündete und mit dem Rauch segnend von einem zum anderen ging. Wir atmeten die Heilkraft, die feurige Lebenskraft und Inspiration ein und ließen sie durch uns fließen.

In katholischen Gegenden wird Lichtmeß mit Lichtprozessionen gefeiert. Ich habe das selber nie miterlebt, aber mir wurde berichtet, daß darin die Freude über das wachsende Licht weiterhin einen starken Ausdruck findet.

Frühlings-Tagundnachtgleiche

Von nun an sind die Zeiten der Sonneneinstrahlung länger als die Zeiten der Dunkelheit und werden täglich länger. Die ersten jungen Triebe wagen sich nach ihrem Winterschlaf aus den Wurzelballen und

Zwiebeln ans Licht. Es ist ein Fest der Hoffnung. Wir feiern den Beginn des Frühlings. In früheren Zeiten, in der zu dieser Zeit oft die Vorräte des Vorjahres knapp wurden, war das viel stärker als heute für alle Menschen mit der Hoffnung auf neue Fruchtbarkeit verbunden. Noch ist es zu früh zum Aussäen, aber die Erde wird vorbereitet, um den Samen für neues Wachstum zu empfangen.

Die Germanen widmeten dieses Fest Thor, dem Gott des Lichtes, und Freya, der Göttin der Fruchtbarkeit. Es ist auch naheliegend, in diesem Fest die Beziehung zur Urkraft der Erde, zur nährenden, lebenspendenden Erdenmutter herzustellen. In meinem Buch »Naturmeditationen« finden sich im Kapitel »Verbindung zur Erde« viele Meditationen.

Auch die Kraft der vier Elemente hat in diesem Fest in besonderer Weise ihren Platz.

Unsere Erfahrung war, daß die Frühlings-Tagundnachtgleiche sich besonders gut bei Sonnenaufgang feiern läßt. Der Zeitpunkt des Sonnenaufgangs ist noch nicht allzu früh am Morgen. Und die Thematik des Neubeginns, der wiedererwachenden Natur paßt zum gemeinsamen Erleben eines Sonnenaufgangs. Der Schritt in das neue Wachstum läßt sich auch gut durch ein symbolisches oder mit Zweigen geformtes Tor darstellen, durch das jede/r in den Frühling hineingeht.

In den Gestaltungsvorschlägen gebe ich Anregungen, wie wir uns mit dem wunderbaren zarten Empfinden des Wachsens und Sprießens identifizieren können. Wir können dem besonders schön in Atemmeditationen und Tänzen Ausdruck geben (siehe S. 119).

Ein anderer Aspekt dieses Festes ist unsere eigene Bedürftigkeit, nach der dunklen Jahreszeit wieder neue Kraft zu tanken und uns stärken zu lassen von den Kräften von Himmel und Erde (siehe S. 116 f).

Beltane

Beltane kann sowohl am 30. April wie am 1.Mai gefeiert werden. In heutiger Zeit haben diese beiden Tage ganz verschiedene Bedeutung. Der 30. April, die Walpurgisnacht ist vorwiegend als Tanz in den Mai dem fröhlichen Feiern vorbehalten. Der 1. Mai wird, von den Gewerkschaften getragen, als Tag der Arbeit begangen. Aber auch diesen Tag, oder das ganze verlängerte Wochenende, nutzen viele Menschen, um die volle Kraft des Frühlings zu genießen. Noch heute lassen Symbole wie die Maibäume und die Birken vor der Haustür zu Pfingsten erkennen, daß dieses Feiern der vollen Entfaltung des Lebens der Natur eine alte Tradition hat.

Bei den Kelten war Beltane ein wichtiges Fest. Es war geprägt von der Versammlung und den Ritualen der Druiden. Wir können das an der entstellten Überlieferung erkennen. auch wenn wir über die Festgestaltung im einzelnen nichts mehr wissen (siehe S. 15). Denn im Mittelalter und weit darüber hinaus wurde von der Versammlung der Hexen in der Walpurgisnacht gesprochen. Und Hexen, das bedeutet in der verurteilenden Sprache der Kirche nichts anderes als Druiden und weise Frauen. In seiner Erdheilungsarbeit hat Marko Pogačnik festgestellt, daß der Brocken, der Berg im Harz, auf dem gemäß mittelalterlicher Überzeugung zu Walpurgis die Hexen mit den Teufeln tanzten, zum Mittelpunkt eines großen Landschaftstempels gehört.

So ist es an uns, dieser elementaren Kraft der Hexen wieder ihre alte Würde zu geben. Lassen Sie Ihrer Fantasie freien Lauf, die Identifizierung mit der Hexenkraft, der Kraft der weisen Frauen, der Kräuter- und Heilkundigen, feiernd zu gestalten (siehe S. 120f).

Beltane war vermutlich auch das Fest, das der menschlichen Fruchtbarkeit, der sexuellen Lust Raum gab. Jedenfalls malt das Buch »Nebel von Avalon«, das bemüht ist, den Leerraum der fehlenden Informationen über keltische Feste auszufüllen, diesen Aspekt fantasievoll aus. Und auch im Tanz in den Mai und den alten Gebräuchen des Tanzes um den Maibaum klingt dieser Aspekt an. So gehört also auch das Element der Lebensfreude in die Gestaltung eines Beltanefestes.

Sommersonnenwende

Dieses Fest hat seine besonderen Schwerpunkte. Da ist einmal das Innehalten, Gewahrwerden. daß der Jahresrhythmus sich umkehrt, daß die zunehmende Zeit der Sonneneinstrahlung beendet ist. Von nun an werden die Tage wieder kürzer, obwohl der Sommer erst beginnt. Dieses Innehalten kann uns zu vielerlei Ausdrucksformen inspirieren: Danken für das, was wir bis hierher bekommen haben, das Umkehren thematisieren, das in unserem Leben viele Formen haben kann. Uns wieder einschwingen in den Rhythmus der Natur, den Kreislauf von Werden und Vergehen, dem wir als Menschen der heutigen Zeit so entfremdet sind.

Ein anderer, wunderschöner Aspekt der Sommersonnenwende ist das Feiern der Sonne. Dazu fielen uns in unserem Feiern immer neue Formen ein. Wir können uns verbinden mit den vielfältigen Gaben der Sonne, ihrer Schönheit, ihrem lebensspendenden Licht, ihrer geistigen Präsenz als hohes bewußtes Wesen, mit dem wir kommunizieren können. Wir können mit der Sonne und für sie tanzen, singen und trommeln. Es gibt auch ein kraftvolles Ritual, die Sonnenkraft herabzuholen (siehe S. 123f). Alte Kulturen haben die Sonne als Gott, als YANG-Kraft verehrt. So ist es ein schöner Anlaß, uns mit unserer YANG-Kraft zu identifizieren; und mit dem Sonnengott Baldur.

Wir können auch eine Sonnentorte oder Sonnenkringel backen, die erst in der Mitte des Kreises stehen und dann gemeinsam gegessen werden. Zum Feiern der Sonne paßt es gut, wenn wir bei Sonnenuntergang feiern an einem Platz, an dem dieser gut zu sehen ist.

Der dritte Aspekt des Festes ist die Wahrnehmung, wie in der Natur jetzt der Prozeß des Reifens eingesetzt hat. Die Blütezeit geht über in

die Zeit der Fülle, in der die Früchte nun in aller Stille Süße und Nähr-
kraft sammeln. Auch damit können wir uns identifizieren.

Lugnasad

Dieses Fest, mitunter auch Lammas benannt, steht ganz im Zeichen
der Kornernte. Es ist ein keltisches Fest, das dem Gott Lugh geweiht
war. In der Vielfalt der alten Traditionen ist auch die Muttergöttin, die
Spenderin allen Lebens, Schirmherrin dieses Festes.

Später ist der Sinn des Festes, für die Ernte zu danken, auf das
herbstliche Erntedankfest übergegangen. Es spricht heute vieles dafür,
den Aspekt des Dankes für die Ernte stärker zur Herbst-Tagundnachtgleiche zu feiern, wenn wir den Abschluß der Erntezeit deutlicher
erleben.

An Lugnasad können wir dem Bild des Korns, das geschnitten wird,
dem Vorgang Ernten in seiner tiefen Bedeutung Zeit und Nachdenken
widmen. Wir ernten die Frucht dessen, was wir mit Mühe und Schweiß
gepflanzt haben. Das sieht heute anders aus als früher. Und doch besteht unser Leben aus Säen, Pflanzen und dann Ernten, lebenslang.
Ernten ist das, was uns nährt, was uns Zufriedenheit schenkt.

Lugnasad war schon in keltischer Zeit ein Fest der Spiele, und es hat
sich auch danach als Dorffest des freundschaftlichen Zusammenseins in
manchen Gegenden erhalten. Daß darin ein natürliches Bedürfnis sich
ausdrückt, die warmen Sommertage und -abende gemeinsam zu feiern,
finden wir auch heute in all den Sommerpicknicks und Grillabenden im
Freien. Wir können diesen Aspekt in unser Ritual aufnehmen.

Ob ein Ritual zu diesem Zeitpunkt zustandekommt, ist dabei in
vielen Fällen offen. Unserer Erfahrung nach ist der 1. August die Zeit
von Urlaub, Reisen und Erholung, zu der viele Menschen unterwegs

94

sind. Vielerorts tritt eine Pause in Gruppenaktivitäten ein. In dem Fall bietet es sich an, statt eines Rituals »nur« bei einem abendlichen Beisammensein mit einem Feuer und Picknick die Freundschaft des Kreises zu genießen.

Herbst-Tagundnachtgleiche

Dieses Fest hat einen doppelten Aspekt. Einmal feiern wir den Dank an den Sommer. Und dann ist wieder die Zeit gekommen, in der die Nachtdunkelheit länger wird als die Helligkeit des Tages.

Dem ersten Aspekt können wir vielfältigen Ausdruck geben. Tanzen, Singen, ein Mandala aus Blumen und Früchten legen und die Bilder des Sommers noch einmal dankend benennen. Das Schwingen mit den Elementen, denen wir in der Sommerwärme viel unmittelbarer nahe sind, gibt diesem Fest eine fröhliche Note. Aber wir sollten die Kraft der Sonne nicht romantisieren. Sie kann auch verbrennen und austrocknen, sie kann von Not befreien und Not bringen.

Zur Zeit der beiden Tagundnachtgleichen halten sich die Zeit der Sonneneinstrahlung und der Dunkelheit die Waage. Das kann uns anregen, dem Bild der Waage im Ausgleich, der Harmonie, in unserem Ritual Ausdruck zu geben. Denn das Finden der Harmonie, des Annehmens von beidem, Dunklem und Hellem in den verschiedensten Bereichen des Lebens, ist eine Grundlage für ein zufriedenes Leben, für inneren Frieden. Ein anderer Aspekt der Tagundnachtgleiche ist, diese Zeit als einen Einschnitt zu sehen, in dem sich eine Entwicklung der Natur umkehrt. Entsprechend wäre der Umbruch zu thematisieren, um uns zu stärken, das Schwingen mit dem, was beendet ist und was kommt, zu erleben (siehe S. 132 f.).

Samhain

Mit Samhain begann für die Kelten das Jahr. Daß sie den einsetzenden Winter, die dunkelste Jahreszeit als Jahresbeginn erlebten oder bewußt setzten, ist für uns kaum nachzuvollziehen. Ebenso die Vorstellung, daß für sie jeder Tag mit dem Abend, dem Sonnenuntergang begann. In manchen Festbräuchen der Kirche ist die geheime Kraft aufgenommen worden, die darin liegt, im Nachtdunkel den Beginn von Neuem zu erspüren. In mitternächtlichen Weihnachtsmessen ebenso wie in vielen Osterbräuchen.

Für die Kelten war das Samhainfest von großer Bedeutung. Zum Jahresbeginn wurde eine große Opferzeremonie abgehalten. Alle Herdfeuer waren zuvor gelöscht worden. Erst nach dem Abbrennen der Opferfeuer wurden sie wieder angezündet.

Aber Samhain hat eine darüber hinausgehende Bedeutung. Und darin liegt eine ganz eigene Kraft, die sich auch in den beiden christlichen Nachfolgefesttagen, Allerheiligen und Allerseelen, erhalten hat. An ihnen können wir erkennen, daß diese Kraft zeiten- und kulturenübergreifend ist. In der Zeit um den 1. November ermöglicht der Jahres- und Lichtrhythmus, daß die Schleier, die uns von anderen Seinsebenen trennen, durchlässiger werden. Es ist leichter möglich, mit den Ahnen und mit dem Geist verstorbener Angehöriger in Verbindung zu treten.

Ein weiterer Aspekt des Samhainfestes hat sich im Nachfolgefest Halloween erhalten. Da verkleiden sich die Menschen mit dämonischen, gruseligen Masken. Dieses Darstellen und Ausagieren dämonischer Mächte ist ein Teil der Samhain-Tradition. Ähnliche Bräuche finden wir in vielen alten Überlieferungen, bei den Indianern, in Afrika, in schamanischen Ritualen auf der ganzen Welt und auch im tibetischen Buddhismus, der die archaischen Elemente der vorbuddhistischen Naturreligion des Landes aufgenommen hat. Darin liegt der Mut und die

Einsicht, die dunklen Seiten der menschlichen Psyche und des Lebens anzusehen, sich diesen Schattenseiten zu stellen und sie durch das Spiel oder den Tanz in unser Leben zu integrieren.

Wie können wir die verschiedenen Aspekte von Samhain in unser Jahreszeitenfest aufnehmen?

Das Thema *Jahresbeginn* können Sie zu diesem Datum oder zur Wintersonnenwende aufgreifen. Es umfaßt Themen wie

- Abschied vom vergangenen Jahr und
- Ende und Neubeginn.

Beide Zuordnungen dieser wichtigen Thematik haben ihren eigenen Sinn. Wir nehmen sie zu Samhain auf, wenn uns daran liegt, uns auf die Wiederverbindung mit dem Erbe der Ahnen einzulassen und ihrer Sicht des Lebens nachzuspüren.

Unserem Lebensgefühl und der praktischen Erfahrung liegt es näher, diese Themen zur Wintersonnenwende oder sogar an einem eigenen Silvester- oder Neujahrritual zu thematisieren.

Auf jeden Fall ist ein wichtiger Aspekt von Samhain,

- Dunkelheit, Kälte, Vergehen in all seinen Aspekten,
- Sich einlassen auf das Dunkle in und um uns,
- das Feuer, Licht und Wärme im Raum.

Das ist deshalb so notwendig, weil es zur heute vorherrschenden Lebenseinstellung gehört, die »ungemütlichen« Aspekte des Winters notgedrungen hinzunehmen, häufig auch sie als lästig zu kritisieren. Tiefer Schnee wird so zur Schneekatastrophe, Nebel und feuchte Kälte sind einfach schlechtes Wetter. Warme Räume und Licht auf Knopfdruck werden dagegen als Selbstverständlichkeit hingenommen.

Wir nehmen die o. g. Themen auf, um von der Konsumhaltung dem Wetter und dem Wohlstand gegenüber zu einem Schwingen mit den Elementen und zum dankbaren Wahrnehmen zu gelangen.

Wie steht es mit *Tod und Schatten?* Wie können wir mit den Aspekten von Samhain umgehen, sich auf eine größere Nähe zu den Verstorbenen einzulassen? In diesen Tagen besuchen viele Menschen die Gräber ihrer Lieben. Und doch ist es für uns nicht so ohne weiteres nachzuvollziehen, daß in Tagen um Samhain, Allerseelen und Aller-heiligen die Schleier zu ihnen durchlässiger werden. Ein solcher Kontakt erscheint vielen Menschen gar nicht erstrebenswert. Er hat eher etwas Unheimliches an sich oder läßt uns an spiritistische Sitzungen denken, in denen in verdunkelten Zimmern Geister anklopfen und durch ein Medium sprechen.

Diese Abwehr hat etwas mit einer kollektiven Verdrängung zu tun, in der in heutiger Zeit alles, was mit Sterben und mit den Toten zu tun hat, in ein Tabu der Sprachlosigkeit und Konturlosigkeit abge-schoben worden ist. Auch in der christlichen Lehre ist an die Stelle des kindlichen: »Lieber Gott, mach mich fromm, daß ich in den Himmel komm!« ein Vakuum getreten. Wo sollen wir uns in der Zeit der erfor-schenden Eroberung des Universums den Raum »Himmel« als Wohnort der Seelen vorstellen? Und wo im glühenden Erdinnern die Hölle? Nicht mehr aufrechtzuerhalten ist die Vorstellung von einem Jüngsten Gericht, bei dem die guten Menschen von den bösen getrennt werden. Unsere heutige Kenntnis über das, was den einen Menschen gut und den anderen böse macht, lassen einen so simplen Dualismus nicht mehr zu, auch wenn es immer noch Politiker gibt, die sich an-maßen, Staaten so einfach in Gute und Böse einzuordnen.

Manch eine/r, der oder die dieses Buch liest, hat in der Beschäftigung mit indianischen, buddhistischen oder anderen spirituellen Lehren in-zwischen an die Stelle des Vakuums zum Wissen um den Tod ein anderes Wissen, andere Vorstellungen über den Weg der menschlichen Seele nach dem Tode gesetzt. Aber auch dann ist es für uns ungewöhnlich, uns dem zu stellen, daß da in einer bestimmten Zeit die Schleier zur Welt der Verstorbenen sich ein wenig lüften können. Was sollen wir mit solchem Wissen oder solchen Möglichkeiten anfangen? Samhain ermutigt uns, uns im schützenden Rahmen eines verläßlichen Rituals und einer Gruppe befreundeter Menschen diesem Teil der Wirklichkeit des Lebens, der Möglichkeiten unseres Bewußtseins zu nähern. Damit will ich keineswegs andeuten, daß Sie übersinnliche Fähigkeiten entwickeln können oder daß ich Ihnen hier entsprechende Techniken vorstellen werde.

Als ich vor Jahren in einem Buch über das spirituelle Zentrum Findhorn Foundation gelesen hatte, daß die Gründer des Zentrums mit den Elementarwesen sprechen könnten, wollte ich das auch gern lernen. Ich nahm an einem entsprechenden Seminar in Findhorn teil. William Bloom, der selber einige Sensibilität auf diesem Gebiet hat, bemühte sich redlich, aber mit sehr geringem Erfolg, unsere Sensibilität für die Wahrnehmung der Naturwesen zu stärken. Am Ende gab er uns einen guten Rat, der mir seither viel wert ist. Wenn wir in unserer Erkenntnis für wahr halten, daß es Elementarwesen, Zwerge und Feen gibt, so sollten wir das eben **für wahr nehmen** und uns entsprechend verhalten. Ich habe leider nie gelernt, Zwerge zu sehen. Aber ich nehme seither für wahr, daß sie in meinem Garten herumspringen und daß mich Engel umgeben.

Diese selbe Haltung ist es, in der wir in den Samhain-Ritualen Verbindung zu den Ahnen und den lieben Verstorbenen aufnehmen können. Einige Grundregeln dabei sind, uns so zu schützen, daß wir uns ganz geborgen fühlen können, und keine prickelnden Jenseitserfahrungen zu erwarten, sondern im Rahmen unseres uns vertrauten Bewußtseins auf das zu lauschen, was uns mit den Ebenen der Verstorbenen und der Ahnen verbindet (siehe S. 138).

Zu diesem Themenbereich möchte ich abschließend sagen, daß es nicht zwingend ist, ihn in jedes Samhainfest einzubeziehen. Spüren Sie, ob es der Gruppe angemessen, ob es für Sie »dran« ist. Es kann durchaus genügen, es bei den anderen Themen, die ich unter Winterbeginn angesprochen habe, zu belassen. Dasselbe gilt für den folgenden Abschnitt.

Maskentanz: In den Medien wird zwar die dunkle Seite des Menschlichen in endlosen Variationen in Katastrophenmeldungen, in Krimis und Thrillern dargestellt. Aber es wird dargestellt als das Böse, von dem sich der Leser oder der Betrachter schauernd distanziert, da er sich doch in seinem Sessel geborgen fühlt. Das ist keineswegs ein reifes Integrieren.

Erstaunlicherweise finden wir in der Musikszene und in Gruppierungen junger Menschen Versuche solcher Integration des Dunklen, Dämonischen, z. B. bei den Gruftis oder in der Heavy Metal-Musik. Auch wird das Feiern von Haloween mit entsprechend gruseliger Maskerade bei uns immer beliebter. Ich meine, daß darin durchaus etwas wie eine Entlastung von den Spannungen liegen kann, die die Anforderungen der Gesellschaft den jungen Menschen abverlangen. Es ermöglicht zugleich ein spielerisches Ausagieren des oft nicht zugelassenen aggressiven Potentials.

In der Form, wie heute, von Medien und Geschäftswelt angeheizt, Halloween wieder aufgenommen wird, ebenso wie in mancher sehr populären Musik dunkle Bereiche der astralen Welt aufgenommen werden, findet zwar der Versuch statt, die Schatten zu integrieren. Es geschieht aber völlig ohne einen schützenden und weisen gesellschaftlichen Rahmen. Ohne erfahrene geistige Leitung bleibt es so bei unreifen Versuchen, zu leisten, was unsere geistig verarmte Kultur zu geben versäumt. Im Rahmen der Jahreszeitenfeste suchen wir nach tragfähigen Formen, die uns innerlich stabilisieren, unseren Schatten zu integrieren.

Damit habe ich Ihnen einige von den Themen vorgestellt, die unsere Gestaltung der Jahreszeitenfeste anregen können.

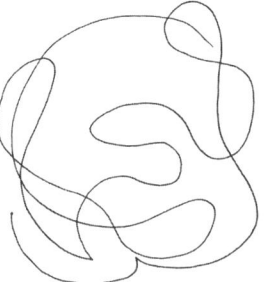

IV. Gestaltungsvorschläge für Jahreszeitenfeste

Es folgen nun Beschreibungen für die Gestaltung einzelner Jahreszeitenfeste. Bis auf eines der Wintersonnenwendfeste sind alle Feste für das Feiern im Freien beschrieben. Die Gestaltungsvorschläge können im ganzen übernommen werden. Ebenso gut eignen sie sich als Anregung, einzelne Teile daraus umzugestalten oder in einem anderen Zusammenhang zu verwenden.

Die Lieder, die ich angebe, finden Sie in meinem ebenfalls bei Neue Erde erscheinenden Liederbuch.[36] Ich habe viele verschiedene Lieder angegeben. Es ist gut möglich, daß Sie sich auf wenige Lieder beschränken oder andere Lieder nehmen, die Ihnen bekannt sind.

Wenn Tänze in einen Festablauf eingefügt sind, so handelt es sich um drei verschiedene Arten, miteinander zu tanzen. Häufig wird ein freies Tanzen vorgeschlagen, um das Feuer oder als Stampf- oder Entspannungstanz. In der kalten Jahreszeit sind solche Tänze auch nötig, um nicht zu kalt zu werden. Die zweite Form ist der strukturierte Tanz, zu dem wir singen oder trommeln. Ich gebe dazu einige Beschreibungen für einfache und dabei ausdrucksstarke Bewegungen an. Nehmen Sie diese Angaben als eine Anregung, selber einfache Formen zu erfinden. Als dritte Form ist in manchen Fällen ein Tanz aus der Fülle der bekannten Kreistänze aus den verschiedensten Traditionen geeignet. Anleitungen zu solchen Tänzen gebe ich nicht. Auf dem Gebiet bin ich keine Expertin. Auch würden Anleitungen dieser Art den Rahmen des Buches sprengen. Hier ist es Ihrer Kenntnis und Fantasie überlassen, Tänze einzufügen.

Bei der Textgestaltung taucht stets das Problem auf, daß wir für die Teilnahme von Frauen und Männern meist keinen gemeinsamen Ausdruck haben. Ich nehme, wenn es sprachlich möglich ist, die gebräuchliche Form auf, durch einen Schrägstrich (jede/r) beide Geschlechter zu nennen. Wenn das nicht paßt, spreche ich einfach abwechselnd von ihm und ihr. Und Sie wissen dann, alle Anwesenden sind gemeint.

In die Beschreibungen sind mitunter ausgeformte Meditationstexte eingefügt. Wie bereits in meinem Buch »Naturmeditationen«, verlasse ich in diesen Texten die im übrigen Buch verwendete Anrede »Sie« und spreche die Teilnehmer/innen mit dem vertrauten »Du« an.

Der Beginn, das Setzen und Segnen des Kreises

Zuerst beschreibe ich das Eingangszeremoniell. Wir haben in der Eulengruppe mit diesem Zeremoniell jahraus, jahrein jedes Fest begonnen Wiederkehrende Ritualformen sind hilfreich, um tiefere Dimensionen des Feierns zu erreichen.

- Wir sind an dem gewählten Ort angekommen. Eine Weile nimmt zum Ankommen jede/r für sich Kontakt auf mit der Natur, mit Bäumen, mit dem Rundblick oder mit einem stillen Plätzchen.

  Die Leiter/innen, die dieses Ritual im Einzelnen vorbereitet haben, bereiten den Feuerplatz vor.

- Wir sammeln uns zum gemeinsamen Anfang. Jede/r hat einen besonderen Stein mitgebracht. Den hält sie jetzt in der Hand. Um den Steinkreis für unseren Feierplatz zu setzen, müssen wir die Himmelsrichtungen (ungefähr) ausgemacht haben, nach dem Sonnenstand oder mit einem Kompaß. Eine/r sagt nun das Setzen an. »Wir setzen den Stein für den Süden!« Spontan legt eine/r ihren Stein an den angezeigten Platz. »Wir setzen den Stein für den Norden!« usw. Nach den vier Hauptrichtungen folgen die Steine für Nordost, Südost usw., bis für alle acht Himmelsrichtungen Steine gesetzt sind. Der Kreis sollte so groß sein, daß wir darin tanzen und ein Feuer aufsetzen können.

• Nun schmücken wir den Stein für das heutige Fest (z. B. Nordwest für Samhain, Süd für Sommer-Sonnenwende) mit mitgebrachtem Schmuck, Blumen, Edelsteinen usw. Dann wählt sich jede/r seinen Platz an einem Stein als Standort.

Wenn Sie gelernt haben, einen Kreis stets nur in einer Richtung zu begehen und nur an einer Öffnung zu betreten und zu verlassen, haben Sie mit dem geschmückten Stein zugleich den Eingang markiert. Ich selber neige nicht zu solchen strengen Ritualvorschriften und habe auch in den Gruppen, mit denen ich feierte, das Bedürfnis dazu nicht erlebt. Eine Richtschnur, ob wir solche Vorschriften aus alten Traditionen beibehalten oder übernehmen, sollte sein, ob sie uns beim Feiern, z. B. beim Halten der Energie, helfen und guttun. Keinesfalls sollten wir an etwas festhalten, weil wir fürchten, daß uns das Loslassen schadet; daß es etwa schädlich wäre, sich frei in einem rituellen Kreis zu bewegen oder ihn unstrukturiert zu verlassen. Die freie Gestaltung wird ebenso wie die Gestaltung, die rituellen Vorschriften folgt, von Menschen gesetzt. Ihre Wirksamkeit hängt von unserer inneren Sammlung auf die vorhandenen und herbeigerufenen geistigen Energien ab.

Der Steinkreis selber sollte weder als ein Schutzkreis gegenüber schädlichen oder feindlichen Energien verstanden werden noch als eine Abgrenzung. Wir wollen in Frieden und Harmonie mit allen Wesen und Kräften des Ortes schwingen. So ist der Kreis eher ein Zeichen, daß wir an diesem Ort unseren Platz inmitten der Natur einnehmen möchten. Ein Schutzkreis ist er insofern, als er uns darin unterstützt, unsere Energien zu konzentrieren und zu halten.

Das heißt nicht, daß jeder Naturort frei von Belastungen ist. Für wirksamen Schutz wenden wir uns, wenn wir das Bedürfnis danach verspüren, an die Energien aus der geistigen Welt (siehe S. 37).

Wir fahren in unserem Eingangsritual fort mit dem

- *Rauchsegnen*
  Zum Rauchsegnen wird der Rauch wie beschrieben in einer Muschel oder Feuerschale entzündet.
  Das Rauchsegnen hat zwei Teile. Zuerst werden die Lebenskräfte in den vier Himmelsrichtungen begrüßt und herbeigerufen.

Anrufung der Lebenskräfte der vier Himmelsrichtungen
Wir grüßen Euch, Kräfte des Ostens – Kräfte der aufgehenden Sonne – des Morgens – des Frühlings – des neugeborenen Lebens – der Jugend. – Wir bitten Euch, kommt zu uns – wir brauchen Euch – stärkt uns – belebt uns mit Euren Gaben – kommt, Kräfte des Ostens.
Wir grüßen Euch – Kräfte des Südens – des Sommers – der Mittagssonne – des reifenden Lebens – der Fülle. – Wir bitten Euch, kommt zu uns – kommt mit Eurer Kraft und Euren Gaben zu uns – wir brauchen Euch – kommt, Kräfte des Südens.
Wir grüßen Euch, Kräfte des Westens – Kräfte des Herbstes – der Ernte der Reife – Kräfte des Sonnenuntergangs – des Alterns – der abnehmenden Kräfte – der Wandlung. – Wir bitten Euch, kommt zu uns – helft uns, Eure Gaben und Eure Weisheit in unser Leben zu integrieren – kommt zu uns, Kräfte des Westens.
Wir grüßen Euch, Kräfte des Nordens – Kräfte der Dunkelheit – der Nacht – des Winters und des Todes – Kräfte der eisigen

Stürme und der geistigen Klarheit. – Wir bitten Euch, kommt in unsere Mitte mit Eurer Weisheit und Kraft – helft uns, auch das Dunkle in und um uns als Teil des Lebens zu verstehen und anzunehmen – stärkt unsere Weisheit und Geduld, Kräfte des Nordens.

Auch die Wesen des Ortes, die Bäume, die Hüter eines Platzes und all die kleinen Naturwesen werden begrüßt und eingeladen, mitzufeiern. Danach gehen die Leiter/innen herum und bieten jedem die Rauchschale dar, um sich den Rauch mit den Händen zu nehmen und sich damit zu reinigen.

Soweit die Rahmenhandlung zum Beginn. Nun folgt der spezielle rituelle Fortgang eines Jahreszeitenfestes. Nach dem Abschluß des Rituals vergessen Sie nicht, sich von den Wesen des Ortes zu verabschieden.

Auch tut es uns gut, nach dem Abschluß des rituellen Teils ein gemeinsames Picknick zu halten.

Wintersonnenwende I
abends im Freien 21. oder 22. Dezember

Vor dem Beginn des Festes wird auf dem ausgewählten Platz eine Spirale gelegt. Dazu können Tannenzweige, Wollfäden o. a. verwendet werden. Die Spirale kann auch aus Mehl oder Schredder gestreut werden. In der Mitte wird eine große Kerze entzündet, der Witterung angemessen im Glas. Drum herum wird für jeden Teilnehmer ein Teelicht im Honigglas gestellt, aber noch nicht angezündet. Für das spätere Anzünden ist es gut, lange Streichhölzer bereitzuhalten.

Jede/r hält einen besonderen Stein und ein zweites Glas mit Teelicht bereit.

- Setzen des Steinkreises. Neben jeden Stein wird ein Licht im Glas gesetzt. Schmücken des Nordsteins.
- Rauchsegnen.
- Lied: *Es ist für uns eine Zeit angekommen*
- Das Jahr ist nun an seinem dunkelsten Tag angekommen. Wir feiern das Ende eines Sonnenjahres und den Beginn des neuen Sonnenjahres, an dem die Sonne Tag für Tag wieder länger scheinen wird. Um das Beenden und Neubeginnen miteinander zu durchleben, kann uns der Weg durch die Spirale unterstützen.

Lichtspirale

Jede/r von uns geht den eigenen Weg in die Spirale hinein. Dabei kannst du danken für das Jahr, das hinter dir liegt. Du kannst etwas loslassen von dem, was dich im alten Jahr belastet hat. In der Mitte wartet deine Kerze auf dich. Entzünde sie an der großen Mittelkerze und geh mit dem Licht ins neue Sonnenjahr hinein mit dem Dank und den Bitten, die dir am Herzen liegen.

Der Kreis begleitet den Weg durch die Spirale mit Klanginstrumenten wie Rasseln, Glocken und leisem Trommeln. Wer sein Licht aus der Spirale getragen hat, setzt es neben das Licht am Stein.

- Lied: *Mein Herz ist voll Dank*
- Bei unserem Weg in das neue Sonnenjahr sind wir nicht allein. Laßt uns auftanken aus den Quellen der Lebensenergie, die aus dem Universum strömt und uns und alles Leben nährt.

Sternmeditation

Such Dir einen Stern, der dich jetzt anblickt, der jetzt für dich strahlt. (Wenn der Himmel voller Wolken ist, müssen wir uns mit unserem Stern durch die Wolkendecke hindurch verbinden.)

Nimm Kontakt auf mit deinem Stern. Atme die strömende Schwingung ein, fülle dein Herz und dein ganzes Sein mit dem stärkenden Licht. Danke dem Stern.

• Lichtertanz: Wir nehmen in jede Hand ein Lichtglas und tanzen die Verbindung mit Himmel und Erde und miteinander. Das kann ein freies Tanzen sein. Oder jemand sagt eine schöne Folge von Bewegungen an, in denen wir im Kreis miteinander, mit den Sternen und allen Wesen tanzen.

Lichtertanz
Wir gehen eine Weile mit ruhigen Schritten im Kreis, drei Schritte lang heben wir die Lichter langsam in die Höhe, drei Schritte lang senken wir sie neben unserem Körper herab.

Wir wenden uns zur Mitte. Drei Schritte zur Mitte, die Lichter im Kreis in die Höhe heben – Ruhephase – drei Schritte nach außen, die Lichter senken. Dasselbe dreimal wiederholen.

Wir wenden uns nach außen. Sanft hin und herwiegend verbinden wir uns mit allen Wesen und Kräften der Natur.

Wir stellen die Lichter vor uns in den Kreis.

• Zum Abschluß ein Lied, das die Gruppe kennt, z. B. *Omnama shiva* oder *Hewenu schalom alechem* oder *Dona nobis pacem*.

Wintersonnenwende II
im Raum 21. oder 22. Dezember

Zu Beginn die Mitte des Kreises weihnachtlich schmücken.

• Rauchsegnen

• Lied: *Es ist für uns eine Zeit angekommen*
Alles Licht bis auf eine Kerze in der Mitte löschen.

• Wintersonnenwende, Zeit, in der wir die tiefste Dunkelheit im Jahr erreicht haben. Von nun an wird es wieder heller. Dunkelheit und Licht. Wir möchten uns am liebsten immer dem Licht zuwenden. Und doch gehört die Dunkelheit, gehört das Dunkle zu unserem Leben.

• Laßt uns heute erst auf das Dunkle, das zu uns gehört, besinnen, um es anzunehmen, bevor wir uns dem Licht zuwenden.

Meditation: Die Kraft der Dunkelheit
Wir kehren zurück zu dem dunklen Raum, in dem unser Leben begann.

Laß dich eine Weile ein auf die Zeit, als du im Schoß deiner Mutter im Dunkeln im Fruchtwasser schwammst – Summen leise mit leicht geöffnetem Mund.

Dann kehren wir in diesen Raum und Kreis zurück.

Wir atmen in den Raum unseres Bewußtseins. Und spüren dem nach, daß dort unter dem Raum unserer Gedanken, unseres Wissens die weiten Räume des Unbewußten in uns sind. Unerkannt, im Dunklen, und doch ein kraftvoller Teil unserer Lebenskraft.

Laß dich eine Weile ein auf diesen Raum, durchatme ihn mit Liebe – Summen mit leicht geöffnetem Mund.

Dann kehren wir in diesen Raum und Kreis zurück.

Laßt uns eine Weile schwingen mit dem tiefen Dunkel der Nacht, wahrnehmen die Kraft des Dunkels, der Stille, die uns Schlaf und Ruhe gibt nach der Unruhe des Tages – Summen.

Dann kehren wir zurück, stehen auf, dehnen und strecken uns.

Mit einem schüttelnden Tanzen mit Rasseln in den Händen beenden und vertiefen wir unsere Begegnung mit der Kraft des Dunkels.

• Wie die Menschen seit Jahrtausenden den ersten Strahl der Sonne zur Wintersonnenwende begrüßt haben, wenden wir uns nun der Sonnen-Wende zu. Das neue Sonnenjahr beginnt. Jetzt werden alle Kerzen des weihnachtlichen Schmucks in der Mitte angezündet. Wir treten in dieses Jahr ein mit einem Kerzritual. Mit diesem Ritual nehmen wir auch die schöne alte Sitte auf, daß wir uns in dieser Zeit gegenseitig beschenken.

Dieses Ritual besteht aus einer gemeinsamen Meditation und einem Kreisritual. Dazu hält jeder die Kerze bereit, die er verschenken will. Die Leiterin nimmt etwas zur Hand, das klingt, eine Klangschale, Zimbel oder Glocke.

Kerzenritual zur Wintersonnenwende

• Wir danken für das Jahr, das hinter uns liegt – Danke, liebe Sonne, daß du uns und alle Natur mit deinem Licht belebt hast – daß die Erde uns Nahrung und Wärme geben konnte durch deine Kraft – Danke, geistiges Licht des Lebens, für alles, was in uns gewachsen ist im vergangenen Jahr an Liebe und Erkenntnis und Kraft zum Leben.

• Wir bitten für das Jahr, das vor uns liegt – Segne und nähre uns wieder mit deinem Licht, liebe Sonne – Licht der geistigen Lebenssonne, laß den Strom deiner Kraft unser Leben begleiten.

• Atme und spüre dich selbst in deiner Lebendigkeit – Bitte um die Kraft, im Dunklen und im Hellen deinen Weg zu gehen, hin zu immer mehr Frieden und Licht.

Nun nimm die Kerze in die Hand, die du verschenken willst. Deine Nachbarin zur Rechten soll sie bekommen.

Halte sie eine Weile in der Hand und laß im Stillen einen Segenswunsch in die Kerze fließen – ein Glocken- oder Zimbelton erklingt – gebt die Kerzen nach links weiter – gebt jeder Kerze euren Segen.

So gehen die Kerzen durch alle Hände. Beim Glockenton werden sie weitergegeben. Die Leiterin achtet darauf, daß das Weitergeben beendet wird, wenn jede Kerze beim jeweils rechten Nachbarn angekommen ist.

Nun hat jeder eine Kerze bekommen und den Segen des ganzen Kreises. Wir können das mit einem fröhlichen und unzeremoniellen »Danke, danke, danke« nach allen Seiten beenden.

• Zum Schluß wollen wir für die Erde und für alle Menschen um Frieden bitten.

Lied: *Friede breite sich aus* einüben und dann an den Händen gefaßt für die Erde und für das Bewußtsein der Menschheit singen.

Imbolc I
1. Februar

Die Leiter halten Ruten aus Hasel oder Birkenzweigen und einen Kessel (Topf) mit getrockneten Kräutern bereit.

Vor dem Beginn wird der Feuerplatz vorbereitet.

• Steinkreis legen, Nordost-Stein schmücken.
• Rauchsegnen.
• Lied: *Mother I feel you under my feet*
• Wir feiern das alte keltische Fest Imbolc. An der Schwelle vom Winter zum Vorfrühling wollen wir das Wiedererstarken der Sonnenkraft tanzen, uns reinigen von den Anhaftungen der Winterzeit, uns

einlassen auf die Gaben der Brigid, der keltischen Göttin des Imbolc-festes. All das kann uns unterstützen, die Heilungskräfte in uns zu stärken.

• Feuer anzünden. Mit dem Feuertanz unterstützen wir symbolisch die wachsende Kraft des Sonnenfeuers.

Feuertanz
Wir gehen mit fünf Schritten auf das Feuer zu. Bei jedem Schritt rufen wir AHU und schwingen die Arme Schritt für Schritt höher, als ob wir die Sonne anheben.
Zurückgehen.
Noch zweimal auf das Feuer zugehen. Jedesmal wird der AHU-Ruf lauter.
Dann tanzen wir im Kreis ums Feuer mit dem Feuertanz-lied *Heiananna, heiananna.*

• Unsere Aura reinigen
In alten Zeiten waren die Menschen zur Winterszeit dem Rauch des Feuers und den Gerüchen des Stalles ausgesetzt. Von diesen Belastungen reinigten sie sich am Ende des Winters mit Haselruten. Heute sind wir anderen Belastungen ausgesetzt. Reinigung brauchen wir genauso nötig. Die Leiter/innen bilden ein Tor. Einer nach dem anderen tritt ein und wird von allen Seiten mit den Ruten abgestrichen.
Um die Reinigung durch unsere eigene Aktivität zu verstärken, springen wir mit Rasseln ums Feuer.

• In der keltischen Mythologie wurde die Kraft des Frühlings in der Gestalt der Fruchtbarkeitsgöttin Brigid verehrt. Zu Imbolc feierten die Menschen, daß sich die dunkle Wintergöttin, die Hag, umwandelte zur Brigid. Sie brachte in ihrem Kessel ihre Segensgaben, Heilkraft, Feuerkraft und Inspiration.

Jede Zeit spricht von den ewigen Wahrheiten in anderen Bildern. Wir nehmen heute das Bild der Brigid wieder auf, um den Segen des herannahenden Frühlings herbeizurufen.

Die Gaben der Brigid

Wir danken dir, Frühlingsgöttin Brigid, daß du wiederkommst – daß wir vertrauen können – Wärme und Licht kehren zurück. – Wir rufen dich, komm mit deinen Gaben zu uns, Kraft des wiederkehrenden Lichtes – wir brauchen deine Stärkung, deine Inspiration und Lebensenergie.

- Lied: *Göttin, wir ehren dich* (s. *Jungfrau, wir ehren dich*)
- Die Kräuter im Kessel werden entzündet. Der Rauch wird in drei Runden an alle Teilnehmer/innen ausgeteilt mit den Worten:

Heilkraft für dich – Feurige Lebenskraft für dich – Inspiration für dich.

Wenn es zu Ihrer Festgestaltung paßt, kann dazu eine Teilnehmerin mit weißem Gewand die Brigid darstellen, hinter einem großen Baum oder Stein die Kräuter anzünden, hervorkommen und sie verteilen.

Der Rhythmus des Lebens ist das Geben und Nehmen. Wir sind beschenkt worden. Laßt uns etwas davon weitergeben.

Wünsche versenden

Wir formen unsere Hände zu einer Schale – Denke an einen Menschen, dem du etwas geben möchtest – Lege den Wunsch für diesen Menschen in die Schale deiner Hände – Dann hebe die Hände in die Höhe und laß den Wunsch aufsteigen – Hülle ihn in eine lichte Wolke – Sieh im inneren Schauen, wie die Wolke zu ihrem Ziel getragen wird.

Nun forme wieder die Schale deiner Hände – Lege einen Wunsch hinein für die Erde – Laß auch diesen Wunsch aufsteigen und sich in eine lichte Wolke hüllen – Sieh, wie der Segen sich über die Erde ausbreitet.

- Schlußlied: *Strom der Liebe fließt.*

Imbolc II
1. Februar

Mitbringen: für jeden Teilnehmer eine Maske. Das Maskenthema ist mit der Gruppe vorbereitet worden.
- Steinkreis legen, Nordost-Stein schmücken.
- Rauchsegnen
  Wir feiern Imbolc, das Fest für das Wiederkehren des Lichtes nach den dunklen Wintertagen. Laßt uns zum Beginn uns verbinden mit dem Tanz von Sonne und Erde und Mond, der uns das wechselnde Licht bringt.
- Wir fassen uns im Kreis an den Händen.
  Verbinde dich mit der Erde, dem blauen Planeten, wie er sich dreht bei seinem Tanz um die Sonne – Fühle den lebenspendenden Strom des Sonnenlichtes, wie es täglich etwas länger unser Land segnet.
  - Lied: *We are one with the infinite sun.*

Danke, liebe Sonne für dein Licht, für die Freude, die du uns schenkst – Wir sehnen uns danach, deine Kraft wieder mehr und mehr zu spüren.

- Feuer anzünden, dazu das Lied: *Fire, sacred fire*

- Wir nehmen die alte Tradition auf, in dieser Zeit Masken aufzu-
setzen, jemand anderes zu werden. Such dir eine Gestalt, ein Wesen
aus, das einen Teil von dir ausdrückt, den du nicht magst. Oder den
andere an dir nicht mögen.

   (Beispiele: wütender Stier, ängstlicher Hase – das Opfer, Prin-
zessin, weinendes Kind, King – mehr sein als die anderen, usw.) Die
Masken können von jedem vorbereitet werden. Vielleicht haben Sie
auch jemanden in Ihrem Kreis, der künstlerisch begabt (oder einfach
mutig ist) und die Masken entwirft.

Maskentanz
Nacheinander tanzt jede/r ums Feuer seine dunkle Gestalt –
von Trommeln begleitet.

   Danach tanzen alle gemeinsam frei ihre dunkle Gestalt ums
Feuer.

- Wir müssen das, was uns belastet, nicht immer wiederholen. Imbolc
ist eine gute Zeit, um sich zu reinigen.

Stufen der Reinigung
Laß deinen Körper durchströmen mit dem reinigenden Strom
des kosmischen Lichtes wie mit einer Dusche – alle Zellen,
alles Gewebe durchströmen. – Laß den Strom des kosmischen
reinigenden Lichtes durch den Raum deiner Gefühle und
deiner Gedanken strömen – gib etwas ab, laß etwas los von
den alten Mustern.

- Die Trommel setzt ein – schüttle dich frei.
- Heilkreis
   Zum Abschluß bilden wir einen Heilkreis. Wir legen die linke Hand
auf unser Herz, die rechte auf die Schulter des Nachbarn.
- Lied: *Ich bin ein Kreis*

Frühlings-Tagundnachtgleiche I
bei Sonnenaufgang 20. oder 21. März

Wir treffen uns kurz vor Sonnenaufgang an einem Ort, von dem aus wir den Aufgang der Sonne gut sehen können.

- Begrüßung
  In der Frische der Morgenluft verzichten wir auf das Räuchern. Wir begrüßen den Morgen mit der Anrufung der Lebenskräfte in den vier Himmelsrichtungen (siehe S. 105). Dabei wenden sich alle Teilnehmer/innen jeweils in die angerufene Richtung. Beim »wir grüßen euch« breiten wir die Arme aus, um die Kräfte des Lebens zu begrüßen. Beim »kommt zu uns« legen wir die Hände auf unser Herz.
- Sonnenaufgang
- Lied: *Wachet auf, es krähte der Hahn*
  Den Sonnenaufgang begleiten wir in Stille. Leise Ansage: Stellt euch vor, wie die Sonnenengel vor den ersten Sonnenstrahlen hergehen und die Erde segnen.
  Wenn die Sonne sich über den Horizont erhoben hat, tönen wir eine Weile das OM.
  Dann fassen wir uns an den Händen und verbinden uns mit der Sonne und der Erde mit dem Lied: *Wir schwingen mit dem Strom der Kraft.*
- Steine im Kreis legen, Oststein schmücken.
- Zu Beginn des Frühlings wollen wir uns rundum stärken lassen von den Frühlingskräften aus Himmel und Erde.

Frühlings-Stärkungsmeditation
Spüre deinen Körper im Atmen vom Kopf bis in die Füße.
  Spüre die Erde unter dir – laß deinen Atem durch die Füße fließen bis tief in die Erde hinein.

Im aufsteigenden Atem spüre, wie die Kraft der Erde aufsteigt – mit jedem Atemzug nimm sie auf – laß sie langsam deinen ganzen Körper durchfließen – Frühlingskraft – aufsteigende Lebensenergie, die frische Kraft in jede Zelle trägt – die alles Gewebe durchströmt. – Danke, liebe Erde.

Lege deine Hände auf Bauch und Solarplexus – verbinde dich mit dem Raum deiner Gefühle.

Stell dir vor, wie die reinigende Kraft des Wasserelements dich durchströmt wie ein Frühlingsregen – öffne den Raum deiner Gefühle der reinigenden Kraft – lenke den geistigen Strom des Wassers dort hin, wo du ihn jetzt brauchst – daß er etwas wegspült an Groll oder Enttäuschung und Angst – etwas reinigt und heller werden läßt. – Komm, Strom der erneuernden Frühlingskraft – laß in meinen Gefühlen Frühlingsblumen der Freude und des inneren Friedens blühen.

Nun richte deine Achtsamkeit auf deinen Kopf und auf dein Bewußtsein, auf deine Gedanken – laß die Kraft des Luftelements wehen durch den Raum deines Bewußtseins wie einen frischen Frühlingswind. – Komm, Frühlingskraft, gib mir Klarheit und frohen Mut – laß meine Gedanken im hellen Frühlingslicht frei werden von der Kleinlichkeit der alten Muster – laß mich erkennen den Sinn und die Schönheit des Lebens.

- Lied: *Wir schwingen mit dem Strom der Kraft*
- Segen für die Erde
  Um von den Gaben, die wir erhalten haben, etwas weiterzugeben, wenden wir uns der Erde zu. Alle wenden sich im Kreis nach außen.
  Lied: *Wir segnen die Erde, die Erde segnet uns.*
  Wir singen das Lied in alle vier Himmelsrichtungen.
- Schlußkreis, im Kreis gehend singen wir: *Es tönen die Lieder*

Frühlings-Tagundnachtgleiche II
20. oder 21. März

Jede/r bringt sich eine Decke mit.

Auf dem Weg zum Feierplatz sammelt jede/r ein Stück Holz und tut in Gedanken etwas hinein, was er dem Feuer übergeben möchte.

• Steine setzen, Oststein schmücken

• Rauchsegnen, dabei auch den Frühling begrüßen.

Frühlingsgruß
Wir grüßen dich, Göttin des Frühlings, Erdgöttin in deiner weißen Gestalt – wir danken dir, daß du es wieder sprießen und blühen läßt – danke, daß du in deiner Treue uns nicht entgelten läßt, wie wir die Erde so schlecht behandeln – wir freuen uns über die Schönheit des Frühlings – wir schwingen mit dir, weiße Frühlingsgöttin.

• Feuer anzünden

• Lied: *Der Winter ist vergangen*

• Wenn Neues wachsen soll, muß Raum dafür sein. Deshalb wollen wir etwas von dem Alten, das wir nicht mehr mitschleppen wollen, verbrennen.

Altes verbrennen
Nimm das Holzstück, das du gesammelt hast – Die Trommel begleitet, wie wir eine/r nach dem anderen mit unserem Holz zum Feuer gehen, uns besinnen, was dieses Verbrennen für uns bedeutet – das Holz ins Feuer werfen – ihm zusehen, wie es sich in Rauch verwandelt.

118

- Nun wollen wir selber zu Frühlingspflanzen werden.
  Der Text wird vor dem Ritual angesagt. Danach tönt nur noch die
  Flöte.

Frühlingspflanze
Hocke dich auf die Erde und hülle dich in deine Decke – ruhe
und werde zum Samen einer Blume oder zu einer Blumenzwiebel, die in der Erde liegt – nach einer Weile der Stille er-
tönen leise Flötentöne – du lauschst ihnen und läßt langsam
die Frühlingskraft sich in dir entfalten – du streckst dich
langsam – kommst aus deiner Hülle – entfaltest die ersten
Blätter – und dann blühst du auf – zum Flöten setzt leise und
anwachsend Trommeln ein – die Blumen beginnen zu tanzen.

- Lied und Handkreis: *Es tönen die Lieder*
  Zum Abschluß sagen wir Dank an die Natur an diesem Platz, an die
  Göttin des Frühlings und Dank für unser Zusammensein.

Weitere Anregungen zur Frühlings-Tagundnachtgleiche
- Kleine Sonnenbrote backen und in einem Korb herumgeben.
- Oder die Brote in eine Spirale legen. Jede/r geht hinein und holt
  sich seine Sonne, während die anderen Frühlingslieder singen.
- Jede/r bringt ein Ei zum Verschenken mit, ein gekochtes, ein schoko-
  ladenes oder steinernes. Wir schenken es zum Abschluß unserer
  Nachbarin im Kreis mit einem Frühlingswunsch.

Beltane I
am 30. April abends – Walpurgisnacht

An einem Ort mit größeren Bäumen. Ein Feuer kann nach Belieben gemacht oder weggelassen werden.

Dieses Ritual ist nicht nur für Frauen gedacht, obwohl nichts dagegen spricht, zu Walpurgis ein Frauenfest zu machen. Aber auch Männer können ihre weibliche und ihre Hexenkraft entfalten.

- Steine im Kreis legen, Südwest-Stein schmücken.
- Rauchssegnen
- Wir gehen an diesem Abend in unsere Hexenkraft, in die weibliche Kraft, das heißt
  - in die Verbindung mit den Kräften der Elemente, der Natur
  - in unsere Kraft, zu heilen und zu helfen
  - in unsere Lebenslust.
- Lied mit Trommelbegleitung: *Wir rufen euch*
- Laßt uns jetzt die Verbindung aufnehmen mit einem Baum, mit seiner Lebendigkeit und seiner Weisheit.

Baumritual

Sieh dich um und geh zu dem Baum, zu dem du eine Verbindung spürst – begrüße ihn – betrachte ihn und fühle dich in seine Naturgestalt ein von den höchsten Zweigen bis in die Wurzeln.

Atme über den Baum hinaus bis in den Kosmos und durch die Wurzeln bis zum Herzen der Erde – nun steht ihr beide in einer Energiesäule, die euch mit Himmel und Erde verbindet.

Nimm Kontakt auf mit dem Baumgeist – bitte ihn, dich mit seiner Weisheit zu beraten.

Lehne dich an den Baum in Richtung Süden – frage den Baum: Wer bin ich? – lausche auf seine Antwort. Sie kann ein

Bild, ein Vogelzwitschern oder eine Erkenntnis sein, was immer du spürst, nimm es an.

Lehne dich an den Baum in Richtung Norden – frage den Baum: Was ist meine Aufgabe?

Lehne dich an den Baum in Richtung Westen – frage den Baum: Was muß ich loslassen? Wenn du bereit bist, das, was dir gesagt wird, loszulassen, so nimm ein Steinchen, ein Stück Holz oder was dir sonst vor den Füßen liegt, gib das, was du loslassen willst, hinein und vergrabe es an der Baumwurzel.

Lehne dich an den Baum in Richtung Osten – frage den Baum: Wohin führt mein Weg?

Wenn nach dem Baumritual alle wieder zusammengekommen sind, setzen wir uns im Kreis und jede berichtet von ihren Erlebnissen.

- Die Frauen, die in frühen Zeiten als Hexen bezeichnet wurden, waren oft kräuterkundig, hatten heilende Hände oder andere natürliche Heilkräfte. Die Menschen suchten sie auf, wenn sie Hilfe brauchten. In jedem von uns ist ein Teil der Hexenkraft. Jede/r von uns hat anderen etwas zu geben. Auch können wir die Heilkraft in unseren Händen entwickeln.
- Wir geben uns gegenseitig etwas von unserer Hexenkraft.

Dieses Geben muß mit den Möglichkeiten der Gruppe übereinstimmen. Es soll weder eine Überforderung sein noch ein Nur-so-Tun-als ob. Ich mache deshalb mehrere Vorschläge.

Hexengaben

Massage. Die Teilnehmer/innen tun sich zu zweit zusammen.

Einfachste Form: Eine beugt sich vor, die andere gibt ihr vom Hals bis zu den Füßen eine Klopfmassage.

Massage für Erfahrenere: Eine legt sich hin, die andere gibt ihr eine einfache Massage. Die Liegende kann wählen, ob sie eine Fuß-, Rücken-, Schulter- oder sonstige Massage haben möchte.

Heilende Hände:
Wir legen unserer Nachbarin die Hände auf den Rücken, eine in Brusthöhe, die andere ans Steißbein. Einige Minuten Stille mit leisem Trommeln.

Eine Gabe:
Die Teilnehmer/innen haben eine Gabe, die gute Kräfte schenken soll, mitgebracht. Ist der Kreis klein und vertraut, so kann es eine Gabe für jeden sein, ein Stein, eine Muschel usw. Im größeren Kreis eine Gabe für die rechte Nachbarin.

Jede/r nimmt die eigenen Gaben in die Hand.

Bitte, daß kosmisches Licht deine Gaben durchströmt – bitte, daß die Lebenskraft der Erde deine Gabe belebt – gib von deiner Herzenskraft hinein, was du für einen Wunsch mit dieser Gabe verbindest.

Nun geben wir unsere Gaben und sagen dem Beschenkten dazu, was wir ihm mit dieser Gabe wünschen.

- In früheren Zeiten haben die Menschen zum Beltanefest und zu Walpurgis die Lebenslust gefeiert. Wir wollen sie tanzen, tanzen die Freude am Leben und an unserem Zusammensein. Dazu
- Lied: *Fly like an eagle*. Da das englische Wort witch Hexe bedeutet, können wir uns vorstellen, wie wir nach dem Flug durchs Universum jeweils beim zweiten Teil des Liedes »O witchi tai tai« mit den kleinen Hexen tanzen.
- Hexentanz ums Feuer mit kräftigem Trommeln und/oder Rasseln.
- Schlußlied: *We are the power of everyone*. Dabei fassen wir uns an den Händen und schwingen sie.

Beltane II
1.Mai

- Steine im Kreis legen, den Südost-Stein schmücken.
- Rauchsegnen
- Lied: *Es geht eine helle Flöte*
- Wir wollen an Beltane die Gaben des Frühlings, der sich entfaltenden Lebenskraft feiern. Wir wollen Verbindung aufnehmen mit der Kraft der Sonne, mit der Schönheit der Natur und mit unserer Lebensfreude.

  Wir verbinden uns mit der Sonne. (Auch wenn sie nicht scheint, erleuchtet sie unseren Tag.)

Sonnenritual
Wir stehen im Kreis – strecke deine Hände in die Höhe, der Sonne entgegen – senke die Arme wieder.

Nun schließe die Augen und strecke, ohne die Arme zu bewegen, deine geistigen Hände der Sonne entgegen – senke die geistigen Arme wieder.

Nun hebst du deine geistigen Arme wieder in die Höhe, streckst sie der Sonne entgegen – langsam streckst du sie weiter und weiter auf die Sonne zu – deine Hände wandern durch die Luftschicht unserer Erde – spüre, wie du die Atmosphäre verläßt – deine Hände streben der Sonne entgegen durch das Sonnensystem – du spürst, wie die Sonne dich anzieht mit ihrer wunderbaren Energie.

Dann tauchen deine Hände ein in das goldene Kraftfeld der Sonne – halte eine Weile inne – danke der Sonne, daß du sie berühren darfst – spüre ihre Liebe und Kraft – nimm etwas von der goldenen Fülle in deine Hände – halte es fest – danke der Sonne für die Gabe – führe die Hände mit der Sonnenenergie langsam zurück – durch das Sonnensystem – hinein in die Erdatmosphäre – an diesen Ort.

Dann lege die Hände auf dein Herz und laß dich ganz von der Kraft und Liebe der Sonne durchströmen.

Danach lege die Hände flach auf die Erde und gib die kostbare Energie weiter an die Erde.

Nachspüren in Stille.

- Lied: *We are one with the infinite sun*
- Die Schönheit der Natur umgibt uns ständig. Selbst mitten in der Stadt stehen Bäume, formen sich Wolkenbilder und die Farben des Sonnenuntergangs am Himmel. Oft nehmen wir sie gar nicht wahr. Heute wollen wir uns gegenseitig dabei unterstützen, genau hinzusehen, die Schönheit zu entdecken.

Natur entdecken

Tut euch zu zweit zusammen. Eine schließt die Augen, der andere führt sie langsam. Er hält Ausschau nach einer kleinen Schönheit, einer Baumrinde, einer Blume, was immer ihn anspricht. Dorthin wird die Partnerin geführt. Ihr Kopf wird vorsichtig in die Richtung auf das Objekt gedreht oder gebeugt. »Du kannst die Augen öffnen!« Ein, zwei Minuten sieht sie intensiv den kleinen Ausschnitt des Lebens. Dann soll sie die Augen wieder schließen. Sie wird zu einem zweiten und dritten Betrachten geführt. Anschließend wechseln.

Im Kreis über das Erlebte austauschen.

- Lied mit Bewegung: *Wir schwingen mit dem Strom der Kraft*
- Beltane ist das Fest der Lebensfreude. Aber Lebensfreude können wir nicht auf Befehl empfinden. – Spüre eine Weile in der Stille, was dich daran hindert, Freude zu leben in deinem Alltag, in deinen Beziehungen.

Mit Rasseln in den Händen schütteln wir uns, um uns zu befreien von dem, was uns belastet.

- Nun spüre dem nach, worauf du dich freust, was in dir wartet und
wachsen will an Lebensfreude.

  Dann setzt eine kräftige Trommel ein, und alle geben im Tanzen
dem Ausdruck, was in ihnen ist an Freude und Sehnsucht.

- Abschlußlied mit Schulterkreis: *Strom der Liebe fließt*, oder noch
einmal: *Wir schwingen mit dem Strom der Kraft.*

Sommersonnenwende I
21. Juni

- Steine im Kreis legen. Den Südstein schmücken
- Rauchsegnen
- Lied: *Tra-ri-ra, der Sommer der ist da*
- Wir feiern, daß die Sonne nun ihren höchsten Stand im Jahreslauf
erreicht hat. Darum begrüßen wir zuerst voll Dankbarkeit die
Sonne.

  *Wir grüßen dich, Sonne – wir danken dir für deine lebenspen-
  dende Kraft – wir freuen uns an dir – du tust uns so gut.*

- Lied: *Let my heart reflect your light, sun*
  In alten Zeiten hatte das Zunehmen und Abnehmen des Sonnenzeit
  im Jahr eine viel unmittelbarere Bedeutung für die Menschen.
  Sonnenwende früher und heute
  Früher wurde die Wirkung dieser Zeit im Alltag viel direkter erlebt
  als heute.

  Zwei Sprecher/innen stellen früher und heute gegenüber:

früher	*heute*
es wird wärmer, es wird kälter	Haus und Arbeitsplatz sind immer warm
es wird heller, es wird dunkler	Straßen und Zimmer sind immer hell
wir sind jung, aber mit 40 beginnen wir alt und gebrech- lich zu werden.	wir bleiben viel länger fit, und es gibt auch für die Alten viel mehr Hilfe.

Aber auch wenn wir es weniger spüren, sind wir weiter eingebunden in den Zyklus der Natur. So wollen wir uns wieder einschwingen in die Energie dieses Kreislaufs von Werden und Vergehen. Dazu fassen wir uns im Kreis an. Bei jedem Satz schwingen wir mit dem ersten Teil die Arme empor, dann wieder herab. Jeder Satz wird mit dem HO der Gruppe bekräftigt.

Jeweils zweimal rufen wir

Wärme kommt – Kälte kommt – HO

Es wird heller – es wird dunkler – HO

Wir sind jung – wir werden alt – HO

Wir wenden uns nach außen

Wir sind mit euch verbunden in diesem Zyklus, Pflanzen, Tiere, Natur – HO

- Lied: *Geh aus, mein Herz*
- Jede/r von uns geht den ganz eignen Weg in die Sommerzeit hinein und wieder hinaus. Wir wollen uns dafür stärken, mit Danken und mit Bitten Kraft schöpfen für unseren Weg.
- Sonnenwendspirale

  Eine Spirale wird auf den Boden ge- zeichnet, mit Mehl, Sand, Blumenerde o. a.

Nacheinander geht jede ihren Weg durch die Spirale. Im Hineingehen bedenken wir den Weg im ersten Halbjahr, in der Mitte rasten wir eine Weile und danken für das, was uns gegeben wurde. Im Hinausgehen bitten wir um Hilfe und Kraft für das Halbjahr, das vor uns liegt.

Der Kreis begleitet und unterstützt die Wege mit Rasseln und/ oder Trommeln.

- Zuletzt tanzen und springen wir unsere Sommerfreude zum Klang der Trommeln oder mit Rasseln noch ein Weile frei im Kreis.
- Abschlußlied mit verändertem Text: *Vom Aufgang der Sonne bis zu ihrem Niedergang scheine Frieden und Liebe und Licht.*

Sommersonnenwende II
21. Juni

- Steine im Kreis legen, Südstein schmücken
- Rauchsegnen
- Lied: *Es geht eine helle Flöte, der Sommer ist über dem Land*
  Wir feiern, daß die Sonne nun ihren höchsten Stand im Jahreslauf erreicht hat. Darum begrüßen wir zuerst voll Dankbarkeit die Sonne.
  Wir grüßen dich, Sonne – wir danken dir für deine lebenspendende Kraft – wir freuen uns an dir – du tust uns so gut.
- In der ägyptischen wie in mancher anderen frühen Religion wurde die Sonne als Gott, als Symbol der YANG-Kraft des Lebens verehrt. Wir nehmen die Kraft, die in solchem Götterglauben enthalten ist, auf und gestalten sie neu. Nachdem wir so oft das Weiblich-Göttliche ehren, laßt uns heute auch das Männlich-Göttliche wahrnehmen. Dafür lassen wir uns ein auf Baldur, den germanischen Lichtgott, den Reinen und Schönen, von allen geliebt und durch die Intrige des finsteren Loki getötet. Baldur, welche Botschaft

kannst du uns geben an diesem Fest, in dem wir die YANG-Kraft der Sonne feiern?

Dazu laßt uns einen Text hören, der mir anvertraut wurde von Menschen, die die Verbindung zu Baldur und Veleda an einem alten Kraftort gesucht hatten. Baldurs Antwort ist so klar wie befreiend: »Ich bin Baldur. Ich freue mich, euch in meinem Wald begrüßen zu dürfen. Ich bin nicht allein. Meine Geschwister sind die Faune des Waldes, die Elfen, die Gnome. Aber sie sind versteckt.

Ich weiß, ihr seid auf der Suche nach dem Licht. Die einzige Religion, die es wirklich gibt, ist das Licht. Und alles, was aus diesem Licht geboren wurde, ist göttlicher Natur. Auch wir. Ob ihr mich als Baldur kennt oder als Veleda ruft – das Licht beinhaltet alles. Wir sind das Licht, das es immer gab und immer geben wird.

Immer, wenn euch der Alltag in negativer Form belastet, dann ruft nach dem Licht, und wir, eure Freunde, werden euren Ruf hören.

Wärmt nicht alte Geschichten aus der Vergangenheit auf. Gestaltet die Zukunft durch euer Wissen um die wirklichen Werte und wahren Dinge des Seins.

Und vergeßt nicht das Vertrauen.«

- Nun verbinden wir uns mit der göttlichen Sonnenkraft. Wir visualisieren eine Lichtsäule, bitten die Lichtkraft des Baldur, uns zu reinigen und zu stärken. Besonders unseren Geist, unsere Energie, unseren Intellekt. Laß dich eine Weile darauf ein, die kraftvolle Energie dieser Lichtsäule zu spüren und wirken zu lassen.

So gestärkt, wenden wir uns der sommerlichen Natur zu.

- Wir freuen uns über das Blühen in der Natur. Aber in dieser Zeit wandelt sich das, was ausgeblüht hat, in der Stille. Es reift von der Blüte zur Frucht. Wir wollen uns mit diesem Blühen und Reifen, mit der Kraft des Lebens verbinden.

Reifemeditation

Laß in deinem inneren Schauen eine Blüte erscheinen von einem Fruchtbaum, Apfelblüte, Birnen- oder Kirschblüte – werde im Atmen eins mit dieser Blüte – spüre die Lebenskraft in den Staubgefäßen – eine Biene kommt und bringt dem Blütenstempel Lebenskraft, Befruchtung – die Blütenblätter fallen herab, werden vom Wind fortgetragen – du ruhst und spürst, daß sich neues Leben in dir entwickeln will – langsam reift die Frucht – aus der Erde steigen Wasser und Nährstoffe auf – Sonne und Luft geben ihre Kraft dazu – bis du die reife Frucht in deinen Händen hältst – bereit als Nahrung für Tiere und Menschen – in ihrem Schoß trägt die Frucht den Samen, den Keim des neuen Lebens.

- Abschlußlied mit einfachen Tanzformen im Kreis: *We are at one with the infinite sun*

Lugnasad
1. August

Jede/r bringt einen Kranz zum Aufsetzen mit und Früchte aus aller Welt.

Die Kränze werden vor dem Beginn in die Mitte gelegt.

- Steinkreis legen, Südwest-Stein schmücken.
- Rauchsegnen
- Die Leiterin setzt jedem im Kreis einen Kranz auf.
- Lied: *Wir schwingen mit dem Strom der Kraft*
  Dieses Fest wurde seit alter Zeit als Beginn der Ernte gefeiert. Das Korn wurde geschnitten. Die Reifezeit war zu Ende. Heute erleben wir in dieser Zeit Räume der Erholung und eine intensivere Verbindung zur Natur.

Diesen beiden Gedanken wollen wir uns zuwenden.

• Die Natur ist von Leben erfüllt. Kleine und große Naturwesen in unendlicher Fülle beleben und durchwirken alles, was lebt, auch wenn wir sie nicht sehen können. Aber wir können Verbindung mit ihnen aufnehmen und so ihre Gegenwart bewußter erleben.
Wir nehmen Kontakt auf zu den Wesen der Erde.

Breite deine Arme zu beiden Seiten aus und wende dich im Kreis, während eine/r ruft (mit eigenen Worten): Wir grüßen euch, ihr Wesen der Natur, ihr würdigen Baumfaune, ihr kleinen Blumenelfen, ihr Zwerge und Steinwesen, all ihr vielen Freunde. Wir grüßen euch und verbinden uns in Liebe mit euch.

Singen: *Strom der Liebe fließt.*

Nun wenden wir uns den Wasserwesen zu: Wir grüßen euch, ihr Wasserwesen, ihr lustigen, tanzenden Nixen, ihr Quellnymphen in geheimnisvoller Tiefe, ihr hohen Hüter der Meere und all ihr unbekannten Wasserwesen. Wir verbinden uns mit euch in Liebe.

Singen: *Strom der Liebe fließt*

Wir grüßen euch, Wesen des Luftbereichs, Feen und luftige Geister. Ihr schwingt in der Frische der Luft und ihr braust in der Gewalt der Stürme. Ihr tanzt in den Zweigen der Bäume und ihr tragt uns den Duft der Blumen entgegen. Wir grüßen euch, hohe Landschaftsengel, die ihr wacht über die Weiten des Landes und über das unruhige Getriebe der Städte. Mit euch allen verbinden wir uns in Dankbarkeit und Liebe.

Singen: *Strom der Liebe fließt.*

Wir wenden uns euch zu, Feuerwesen, all ihr tanzenden Flammengeister, ihr kraftvollen Feuerenergien, die verzehren und zerstören können und die unsere Wohnungen mit wohliger Wärme erfüllen. Wir grüßen euch, ihr Feuerwesen, die durch unsere Stromkabel fließen und uns mit Energie versorgen. Und auch euch grüßen wir, die fleißigen Feuergeister in der Erde, die Verwesendes wieder umwandeln in fruchtbare Erde. Und wir wenden uns dir in

Ehrfurcht und Dankbarkeit zu, hohes und leuchtendes Wesen Sonne, du Lebensspenderin.

Laßt uns eine Weile in der Stille nachspüren, wie wir mit allem, was lebt, eins sind.

Lied: *We are the power of everyone*, deutsch: *Wir sind die Kraft in allem.*

- Die Ernte, von der wir im kommenden Jahr leben wollen, ist für uns heute nicht mehr beschränkt auf das, was in unserer Region wächst. Auf unseren Tischen sind Früchte der ganzen Welt. Um das zu zeigen, wird nun ein großer Teller in die Mitte gestellt.

- Lied: *Ich segne die Erde, die Erde segnet mich.* Wir fügen so viele Strophen an, wie uns einfallen, um die Fülle des Erntens in unser Ritual einzubeziehen, z. B. ich segne die Ernte, …das Korn…, das Obst… das Gemüse… das Brot usw.

Nun legen wir Früchte aus allen Gegenden der Erde, die wir mitgebracht haben, auf den Teller, betrachten sie, ordnen sie einem Land oder Erdteil zu, aus dem sie kommen mögen, und essen davon. Nach jeder Zuordnung folgt ein: Danke für diese Gaben.

Auch danach wieder eine stille Zeit der Besinnung, in der wir uns mit all den Menschen auf der Erde dankbar verbunden fühlen, die für uns arbeiten und ernten.

Schlußlied im Schulterkreis: *Mein Herz ist voll Dank*

Weitere Vorschläge für Lugnasad:

Wenn wir an einem Wasser feiern: Jede/r nimmt eine Blüte in die Hand. Nacheinander treten wir an den See, (den Fluß o. a.), geben unserer Blüte unseren ganz eigenen Dank mit für das Blühen in unserem Leben. Dann setzen wir sie aufs Wasser und bitten um den Segen für das Reifende in unserem Leben.

Wenn kein Wasser in der Nähe ist, können wir die Blüten auch in einen Busch, in die Zweige eines Baumes setzen.

Herbst-Tagundnachtgleiche I

22. oder 23. September

- Steinkreis legen, Weststein schmücken
- Rauchsegnen
  Wir wollen unserem Ritual drei Schwerpunkte geben: Dank für die Sommerzeit, die hinter uns liegt, Besinnung auf den Umbruch, die Veränderung, die sich auch in unserem Leben vollzieht, Freude über die Schönheit des Herbstes.
- Lied: *Mein Herz ist voll Dank*
  Jede/r hat Blumen und Früchte für ein Mandala mitgebracht. Wir legen nun in der Mitte des Kreises ein Mandala, in dem jede/r nacheinander seine Gaben hinlegt und einen Dank für den Sommer spricht.
- Tanz um das Mandala, als Kreistanz zu dem Lied: *Wir fließen mit dem Strom der Kraft* oder als freies Tanzen mit Rasseln.
  Die Herbst-Tagundnachtgleiche ist ein Einschnitt, ein Umbruch. Von jetzt an wird die Dunkelheit bis zur Wintersonnenwende jeden Tag ein bißchen mehr vom Licht des Tages wegnehmen. Solche Situationen gehören auch zu unserem Leben. Älterwerden, Abnehmen der Kräfte, Verluste und Abschied. Laßt uns dieses Ritual nutzen, um Kraft zu schöpfen. Dann können wir auch die dunkler werdenden Zeiten annehmen und ihre Schönheit erkennen.
- Jede/r besinnt sich in der Stille auf das, was wir gerade jetzt oder als Zukunftssorge an Dunklerwerden erleben.

Stärkungsmeditation

Atme und spüre deinen Atem von den Fußsohlen bis zur Schädeldecke dich durchströmen – spüre deine Lebendigkeit – laß diese Lebendigkeit auch durch die Sorgen und Dunkelheiten in dir strömen – auf und ab.

Atme bis tief in die Erde unter dir – nimm nach einigen Atemzügen wahr, wie aus der Erde Kraft aufsteigt und dich stärkend durchströmt – und dann öffne dein Kronenchakra und laß mit jedem Atemzug kosmisches weißgoldenes Licht in dich einströmen – laß dich von diesem Strömen aus Himmel und Erde stärken und trösten.

Nun nimm wahr, daß du in einem Kreis stehst – alle sind wir vom Kraftstrom von Himmel und Erde durchflossen – wir bilden eine Energiesäule. – Wir fließen mit dem Strom der Kraft.

- Nun wenden wir uns der vor uns liegenden Herbstzeit zu, dem Reifen der Früchte, der Schönheit der bunten Bäume und Wälder, der Frische der herbstlichen Luft. Zugleich wollen wir uns selbst mit einer Bewegungsmeditation etwas Gutes tun.

Bewegungsmeditation: (jede Bewegung drei Mal)
Wir schöpfen die Lebenskraft aus der Tiefe.

Wir breiten die Arme zu den Seiten aus, um uns mit der Natur, mit den Bäumen und der Landschaft zu verbinden.

Wir breiten die Arme über uns aus und verbinden uns mit der Luft, mit Wind, Sonne und dem Kosmos.

Wir schwenken die ausgebreiteten Arme nach links und rechts und nehmen uns gegenseitig wahr.

- Abschlußlied mit Schulterkreis: *Ich bin ein Kreis und heile dich*

Herbst-Tagundnachtgleiche II
22. oder 23. September

- Steinkreis setzen, Weststein schmücken
- Rauchsegnen
- *Mein Herz ist voll Dank*
  Wir nehmen Abschied vom Sommer. Dazu danken wir noch einmal für all die Gaben, die die Natur uns mit ihren Elementen gegeben hat.

- Wir zünden das Feuer an. Dann nimmt jede/r nacheinander etwas getrocknete Kräuter (Lavendel, Salbei, Beifuß o. a.), wirft sie als kleines Rauchopfer ins Feuer und sagt dazu, (vier Runden) was sie von den Elmenten für Gaben bekommen hat.
  - *Wasser, ich danke dir für* ....
  - *Feuer, Sonnenwärme, ich danke dir für* ....
  - *Luft, ich danke dir für* ....
  - *Erde, ich danke dir für* ....
  Danach verbinden wir uns mit den Elementen im Tanz.
- Tanzlied: *Die Erde tanzt – und wir mit ihr.*
- Wir blicken der dunkler werdenden Jahreszeit entgegen. Je dunkler es wird, in der Natur oder in unserem Leben, um so mehr brauchen wir den Schutz der Gemeinschaft. Den Schutz der Gemeinschaft in der Form von Licht, Wärme und Nahrung bekommen wir heute anonym. Wie wir davon abhängen, das merken wir erst, wenn etwas davon mal ausfällt.

  Aber wie sehr brauchen wir auch Schutz und Herzensnahrung, den uns Freundschaft, Zuwendung und Liebe anderer Menschen gibt. Laßt uns diesem Bedürfnis nach dem Schutz der Gemeinschaft in einer Bewegungsmeditation nachspüren.
  - Wir fassen uns im Kreis an.
  - Langsam schließt sich der Kreis immer enger, bis wir Schulter an Schulter stehen. Die Köpfe neigen sich nach innen. Wir spüren den Schutz der Höhle, die Geborgenheit in der Dunkelheit.
  - Dann entfaltet sich der Kreis wieder. Wir bleiben angefaßt, aber wir dehnen uns in der Geborgenheit der Gemeinschaft, in der wir uns auch mit der Natur, mit den Elementen und mit der geistigen Welt verbunden fühlen. Dabei singen wir: *Wir schwingen mit dem Strom der Kraft.*
- Noch zweimal kehren wir zum Schutzkreis der Höhle zurück und entfalten den Kreis, um mit allem, was lebt, zu schwingen.

- Schlußlied: *Strom der Liebe fließt*

Samhain I
1. November

- Steinkreis setzen, Nordwest-Stein schmücken
- Rauchsegnen
- Ein großes Feuer anzünden. Dazu
  - Feuertanz
  Mit dem Lied: *Heyannana, heyannana* (das mehr einem Rufen gleicht) tanzen wir singend ums Feuer. Dann wenden wir uns dem Feuer zu. Mit einem Schwingen der Arme, als ob wir das Feuer anheizen wollen, singen/rufen wir : »Jaheiana, Jaheiana«.
- In diesen Tagen und Wochen geben die Menschen der Trauer Ausdruck. Volkstrauertag, Totensonntag. Viele gehen auf die Friedhöfe und besuchen und schmücken die Gräber ihrer Lieben. Trauer. Wir lauschen dem nach, was in dem Schmerz der Trauer schwingt. Es ist der Schmerz des Abschieds, der Trennung. Und wenn wir dem nachlauschen, dann ist der Schmerz des Verlustes ein Ausdruck von Liebe. Aber in der Trauer schwingt auch mit die Angst, daß wir verlassen zurückbleiben, und die Auflehnung, daß wir die Trennung nicht hinnehmen wollen.

Diese Zeit ist aber nicht nur der Trauer gewidmet. Sie trägt in sich die Kraft der Wandlung. Mit dieser Kraft der Wandlung wollen wir uns verbinden, Angst und Widerstände in uns auflösen, daß die Trauer ihre Liebeskraft entfalten kann.

Lausche in dich hinein, worum du trauerst, um Menschen oder um Enttäuschungen in deinem Leben.

Kreuze die Hände vor der Brust, verbinde dich mit deiner Trauer

Öffne die Arme zum Feuer und laß deine Angst und deine Widerstände, den Verlust anzunehmen, abfließen – atme sie aus – nimm die reinigende Kraft des Feuers in dich hinein, indem du die Arme wieder vor der Brust kreuzt – dieses Öffnen und Loslassen, Stärkendes aufnehmen wiederhole eine Weile in deinem eigenen Rhythmus.

Handkreis mit dem Lied: *Return again*

(Wenn uns kalt ist, können wir mit einem freien Tanzen ums Feuer mit Rasseln das Loslassen und die Verbindung mit dem Feuer verstärken.)

- Nun laßt uns wahrnehmen die Natur um uns, wie sie in aller Ruhe im Rhythmus des Jahres die Dunkelheit annimmt, das Absterben der Vegetation, das Fallen der Blätter. Die dunkle Göttin wirkt in der Tiefe der Erde. Und sie hütet das Leben, das im Frühling wieder hervorsprießt. Laßt uns ihre Kraft aufnehmen.

Meditation

Durchatme deinen Körper von den Füßen bis zur Schädeldecke – fühle deine Lebendigkeit – Geh in dein Wurzelchakra und laß von dort die tiefen, breiten Wurzeln deines Bewußtseins sich in die Erde ausbreiten – laß dich tiefer und tiefer sinken, bis du die Nähe der dunklen Göttin, der Erdenmutter spürst oder ahnst -ruhe in dieser Verbindung atmend in der Stille – nimm auf, was dir die Erdmutter im Ein und Aus des Atems geben will – du kannst sie auch etwas fragen oder bitten – kehre dann zurück in dein Herz – verbinde dort die Kraft der dunklen Tiefe mit der Kraft und dem Licht deiner Seele.

- Schlußlied: *Omnava shiva*

Samhain II

1. November

- Steinkreis setzen, Nordwest-Stein schmücken
- Rauchsegnen
- Feuer anzünden
  Mit dem Samhainfest verbinden wir uns mit der dunkelsten Zeit des Jahres. Laßt uns der Kraft in dieser Dunkelheit nachspüren. Denn sie ist Teil des Lebensrhythmus auf dieser Erde.
- Lied: *Wir schwingen mit dem Strom der Kraft*
  Um uns in der Natur umgibt uns das Vergehen, die Bäume stehen kahl, die Pflanzen sind verwelkt. Und auch wir werden täglich älter. Auch wir sind dem Rhythmus des Aufblühens, des Reifens und Vergehens unterworfen. Wir gehen in diesen Rhythmus hinein und spüren dem nach, wie Vergehen und neues Sprießen einem immerwährenden Kreislauf folgen.

> *Bewegungsmeditation:* *Wachstum endet in Vergehen*
> Wir kauern uns in der Hocke zusammen. Eine Trommel schlägt anschwellend, aber gedämpft. Dabei richten wir uns langsam auf wie das Leben der Natur, das sich entfaltet. Und plötzlich einige kräftige Trommelschläge, die die Natur um und in uns zum Vergehen rufen. Wir lassen uns wieder zusammensinken.
>
> Nach einer Weile beginnt die Trommel wieder ihren gedämpften Schlag bis zum Ruf zum Vergehen. Das wiederholen wir sechsmal, lassen uns ein auf das immer Wiederkehrende des Naturrhythmus.

Das Samhainfest der Kelten wurde von den Christen aufgenommen und als Allerseelen und Allerheiligen weiter gefeiert. Denn auch die Christen spürten, daß in diesen Tagen unsere Verbindung zu den

Ahnen, zu den Verstorbenen, stärker ist als sonst. Die Schleier, die uns von ihnen trennen, werden durchlässiger.

Auch wir wollen uns mit der Kraft und der Liebe unserer Ahnen in Verbindung setzen.

- Lied: 3x *Return again*
- Laßt uns in unserem Herzen konzentrieren. Von dort aus spüren wir eine Weile in der Stille dem nach, wie wir mit den Ahnen verbunden sind. Dabei laß zu, ob du stärker die Verbindung spürst zu deinen Lieben, die gestorben sind, oder die Verbindung zu den Menschen, die vor uns hier gelebt haben durch die Jahrhunderte und Jahrtausende. Sende ihnen deine Liebe und nimm die Gaben wahr, die sie dir zu geben haben.

  Nun geht eine/r mit der Kräuterschale herum. Wer möchte, kann sich eine Handvoll Kräuter nehmen. Wenn der Rundgang beendet ist, kann jede/r ans Feuer treten und eine kleines Rauchopfer für die Ahnen ins Feuer streuen.
- Schlußlied mit Schulterkreis: *We are all in harmony*

Weitere Vorschläge für Samhain:
Wenn wir im Samhainfest nach keltischer Sitte den Anfang des neuen Jahres sehen, so können wir kleine Säckchen, die wir vorbereitet und mitgebracht haben, mit unseren Wünschen für das kommende Jahr füllen. Wir können dazu Nüsse o. a. nehmen, was später die Waldtiere gern holen. Wir hängen die Säckchen an einen Baum.

Lied: *Ich segne die Erde*

Wenn wir nicht zu Samhain, sondern zur Wintersonnenwende den Beginn des neuen Jahres feiern, so passen die Säckchen eher dahin. Dies Ritual ist auch für Kinder gut geeignet.

Zum Abschluß

Damit beende ich die Gestaltungsvorschläge und lege dieses Buch in Ihre Hände. Ob Sie sich angeregt fühlen, inspiriert zum Feiern oder zum Nachdenken über die Zusammenhänge, die uns mit allem Sein verbinden?

Ich hoffe es und begleite den Weg dieser Zeilen mit meinen Segenswünschen.

Kiel-Kronshagen, den 3.1.2004
Ilse Rendtorff

Dank

Nun, da das Buchmanuskript fertig vor mir liegt, gilt mein Dank den Kräften der Natur und der geistigen Welt, daß sie es mir ermöglicht haben, das Manuskript fertigzustellen, nachdem die Arbeit durch massive Krankheitseinbrüche längere Zeit ruhen mußte.

Ich danke den Mitgliedern der ehemaligen Eulengruppe für unsere Zusammenarbeit, die mich zu diesem Buch inspiriert hat. Für die Ermutigung, in Zeiten der Schwäche weiterzumachen, danke ich meinem Verleger Andreas Lentz, der mir durch sein Vertrauen in meine Arbeit Mut gegeben hat. Henning Gottschalk, auch Du hast mich ermutigt, als ich nach der Krankheit meinte, nicht wieder in Gang zu kommen. Und dann danke ich Guna Scheffler und Horst Költze für ihr sorgfältiges Korrekturlesen, bei dem sie mir manchen klugen Ratschlag gaben. Zuletzt einen Dank an meinen braven alten PC und sein Elementarwesen, die mich nicht ein Mal im Stich gelassen haben.

Über die Autorin

Ilse Rendtorff, Jahrgang 1926 – drei Töchter – stammt aus einer alten Theologenfamilie.

Ihr Leben ist seit ihrer Jugend von einem starken Engagement geprägt, in dem das Spirituelle und das Politische sich begegnen. Sie engagierte sich in den Reformansätzen der 68er- , der Dritte Welt- und der Friedensbewegung. Die Suche nach innerem und äußerem Frieden führte sie zur Meditation, zu schamanischen Ritualen und zur intensiven Verbindung mit der Natur.

In ihrem kleinen Meditationszentrum »Quelle des Friedens« entwickelte sie ihren eigenen Ansatz einer naturverbundenen Meditation und einer Neugestaltung der Jahreszeitenfeste. Sie engagiert sich für den Aufbau eines Lebensnetzes für Geomantie und Wandlung, das aus der Erdheilungsarbeit von Marko Pogačnik hervorgegangen ist.

Bis heute bleibt sie offen für neue Erkenntnisse auf der Suche nach einem umfassenden Frieden.

Ihr Bücher »Naturmeditationen – Heilung für Mensch und Erde« und »Mit Wünschelruten Kraftorte und Naturwesen entdecken« erschienen ebenfalls im NEUE ERDE-Verlag.

Literaturnachweis

Bailey, Alice, *Abhandlung über kosmisches Feuer*, Lucis
Bischof, Marko, *Biophotonen*, Zweitausendeins
Caldecott, Moyra, *Die hohen Steine*, Neue Erde
Golther, Wolfgang, *Handbuch der germanischen Mythologie*, Athenion
Gimbutas, Marija, *Die Sprache der Göttin*, Zweitausendeins
Jordan, Harald, *Räume der Kraft schaffen*, Bauer
König, Marie, *Am Anfang der Kultur*, Zweitausendeins
Pennick, Nigel, *Heilige Welt der Kelten*, Neue Erde
Petry, Renate, *Die letzte Priesterin*, Heyne
Pogačnik, Marko, *Die Landschaft der Göttin*, Diederichs
Pogačnik, Marko, *Wege der Erdheilung*, Knaur
Pogačnik, Marko, *Erdsysteme und Christuskraft*, Knaur
Mathews, Caitlin, *Sophia – Göttin der Weisheit*, Walter, Olten
Mattheus, Ursula, *Engelspiel*
Nichols, Ross, *Das magische Wissen der Druiden*, Heyne
Rendtorff, Ilse, *Naturmeditationen*, Neue Erde
Rendtorff, Ilse, *Mit Wünschelruten...*, Neue Erde
Rendtorff, Ilse u. a., *Orte der Kraft in und um Kiel I u. II*, Buchhdl.
    Mittendrin, Kiel
Russell, Peter, *Die erwachende Erde*, Heyne
Sils-Fuchs, Martha, *Wiederkehr der Kelten*, Knaur
Schaup, Susanne, *Sophia*, Kösel
Szekely, Dr. E. Bordeaux, *Die Schriften der Essener, Buch 1-4*, Neue
    Erde
Theißen, Gerd, *Die Religion der ersten Christen*, Gütersloh
Wilber, Ken, *Eros Kosmos Logos*, Krüger, Fischer tb
Zimmer-Bradley, Marion, *Die Nebel von Avalon*, Fischer

Bärenstamm e.V., *Circle of Songs*, Extertal
Ilse Rendtorff, *Wir singen mit der Erde*, Neue Erde
Hagara Feinbier, *Come together Songs*, Vertrieb durch Neue Erde
Yan d'Albert, *Das spirituelle Songbook*, Windpferd Verlag

Anmerkungen

1 Ken Wilber, *Ganzheitlich handeln*, S. 11
2 Marie König, *Am Anfang der Kultur*, S. 41 f
3 Marija Gimbutas, *Die Sprache der Göttin*
4 Nigel Pennick, *Die heilige Welt der Kelten*, S. 82 ff
5 Marion Z. Bradley, *Die Nebel von Avalon*, Renate Petry, *Die letzte Priesterin*
6 Ilse Rendtorff, *Mit Wünschelruten...*, S. 61 f
7 Marko Pogačnik, *Die Landschaft der Göttin*, S. 133
8 Marko Pogačnik, *Wege der Erdheilung*
9 Ilse Rendtorff, *Naturmeditationen*, S. 109 f
10 Peter Russell, *Die erwachende Erde*, S. 66
11 Ken Wilber, *Eros, Kosmos, Logos* S. 39, 74 u. a.
12 Ursula Mattheus, *Engelspiel*
13 Römer 8,19
14 Gerd Theisssen, *Die Religion der ersten Christen*, Gütersloh
15 Marko Pogačnik, *Erdsysteme und Christuskraft*
16 *Schriften der Essener, Buch 1- 4*, Verlag Neue Erde
17 Marija Gimbutas, *Die Sprache der Göttin;* Marie König, *Am Anfang der Kultur*
18 N. Pennick, *Die heilige Welt der Kelten*, S. 67
19 s. daselbst
20 Marco Bischof, *Biophotonen, das Licht in unseren Zellen*
21 Zeitschrift *Chrismon* Dez., 2002
22 Ilse Rendtorff, *Naturmeditationen* und *Mit Wünschelruten Kraftorte und Naturwesen entdecken*
23 Harald Jordan, *Räume der Kraft schaffen*, S. 134-137
24 Marianne Fredriksson, *Sintflut*
25 Alice Bailey, *Abhandlung über kosmisches Feuer*, S. 158
26 Ilse Rendtorff, *Naturmeditationen*, S. 38-61
27 Ilse Rendtorff, *Mit Wünschelruten...*, S. 99
28 Ilse Rendtorff, *Mit Wünschelruten ...*, S. 111
29 Marko Pogačnik, *Die Tochter der Erde*, S. 168
30 Caitlin Matthews, *Sophia - Göttin der Weisheit;* Susanne Schaup, *Sophia*
31 Ursula Mattheus, *Engelspiel*
32 Ilse Rendtorff, *Wir singen mit der Erde*
33 Golther, *Germanische Mythologie*, S. 582 f
34 Martha Sils-Fuchs, *Wiederkehr der Kelten*, S. 71
35 Francoise Le Roux, *Die hohen Feste der Kelten*, S. 86
36 Ilse Rendtorff, *Wir singen mit der Erde*

Ilse Rendtorff
Naturmeditationen
Heilung für Mensch und Erde
Meditation, das ist doch etwas, um zur Ruhe zu kommen und sich selbst zu finden. Ja, aber Meditation kann viel mehr sein: Die Wiederherstellung unseres Eingebundenseins in die gesamte Schöpfung in ihrer stofflichen, emotionalen und geistigen Lebendigkeit. Mit ihren Naturmeditationen führt uns Ilse Rendtorff Schritt für Schritt zu einer innigen Verbindung mit der Erde und den Naturwesen, und in diesem Vorgang heilen wir nicht nur uns selbst, sondern auch die Erde.
Pb., 176 Seiten, ISBN 3-89060-026-3

Ilse Rendtorff
Mit Wünschelruten Kraftorte und Naturwesen entdecken
Die meisten kennen Wünschelruten als Werkzeug von Leuten, die damit Wasseradern oder Erdgitter aufspüren möchten. Daß die Möglichkeiten des Rutengehens viel weiter gehen, zeigt die erfahrene Praktikerin hier: Ruten als Orakel und Wegweiser, zur Verbesserung des Lebensumfeldes, als Hilfsmittel zur Kontaktaufnahme mit Pflanzen und zur Kommunikation mit Natur- und Elementarwesen sowie zum Aufspüren von Kraftorten.
Kartoniert, 128 Seiten,
ISBN 3-89060-045-X

Dolores La Chapelle
Heilige Erde – Heiliger Sex
Das Vermächtnis einer Frau, die der Stimme der Erde lauscht und sie für uns alle hörbar macht. Tiefenökologie geht über das vom begrenzten rationalen Denken Erfaßbare hinaus und hinein in die mystische, magische und existenzielle Wirklich-

keit unseres Seins. Wir sind ein Teil dieser Erde, liebevoll aufgehoben und geborgen, und Angst hat keine Berechtigung mehr. Denn wir sind Teil des immerfort fliessenden Stromes von Seinsform zu Seinsform.
Drei Bände, jeder Band Pb., über 320 S.,
ISBN 3-89060-018-2, -019-0 und -020-4

Morgaine
Hexenfeste
Das Rad mit den acht Speichen
Dem stark gewachsenen Bedürfnis vieler Menschen, sich mehr der Natur und der Erde, dem sichtbaren Ausdruck der Großen Göttin, zu öffnen und anzunähern, trägt dieses Buch Rechnung mit seinen Anleitungen für Rituale und Feiern. Magie ist kein Hokuspokus, sondern die Arbeit mit wirkenden Naturkräften. Dieses Buch ist eine praktische Anleitung für den Umgang mit diesen Kräften – allein oder in der Gruppe.
Pb., 160 Seiten, mit 17 Abbildungen,
ISBN 3-89060-063-8

Fred Hageneder
Geist der Bäume – Eine ganzheitliche Sicht ihres unerkannten Wesens
Im vorchristlichen Europa wie in allen anderen Teilen der Welt wurde die ganze Erde als ein atmendes Wesen gesehen, erfüllt von sichtbaren und unsichtbaren Lebensformen. Bäume waren in dieser heiligen Landschaft hochangesehene Pforten der Einweihung. Die Kraft und Energie heiliger Haine und einzelstehender alter Bäume half den Menschen, die Grenzen ihres Bewußtseins zu erweitern und Kontakt mit dem Unsichtbaren aufzunehmen.
Geb. mit Schutzumschlag, 416 Seiten,
ISBN 3-89060-472-2

Der Neue Erde-Verlag ist Sponsor des Drei-Haine-Projektes im Elsaß. Hier entsteht ein Ort der Begegnung zwischen Baum und Mensch: Alle heimischen Baumarten sind als Solitär vertreten, es gibt einen Eibenkreis und einen Kreis der Menschen und Kulturen. Infos bei:

Freunde der Bäume e.V.
Cecilienstr. 29, D-66111 Saarbrücken
fdb@neueerde.de, www.freunde-der-baeume.de

Bücher von NEUE ERDE im Buchhandel
Im deutschen Buchhandel gibt es mancherorts Lieferschwierigkeiten bei den Büchern von NEUE ERDE. Dann wird Ihnen gesagt, dieses oder jenes Buch sei vergriffen. Oft ist das gar nicht der Fall, sondern in der Buchhandlung wird nur im Katalog des Großhändlers nachgeschaut. Der führt aber allenfalls 50% aller lieferbaren Bücher. Deshalb: Lassen Sie immer im VLB (Verzeichnis lieferbarer Bücher) nachsehen, im Internet unter **www.buchhandel.de**
Alle lieferbaren Titel des Verlags sind für den Buchhandel verfügbar.

Sie finden unsere Bücher in Ihrer Buchhandlung oder im Internet unter **www.neueerde.de**
Bücher suchen unter: **www.buchhandel.de**. (Hier finden Sie alle lieferbaren Bücher und eine Bestellmöglichkeit über eine Buchhandlung Ihrer Wahl.)
Bitte fordern Sie unser Gesamtverzeichnis an unter

NEUE ERDE Verlag
Cecilienstr. 29 · D-66111 Saarbrücken
Fax: 0681 390 41 02 · info@neueerde.de